1.	Überhandknoten	Vielseitiger, kleiner Knoten. Verwendung als Stopperknoten und zum Sichern von dünnem Gut gegen Aufdrehen. Mit parallellaufenden Parten auch als Netzknoten zu gebrauchen.
2.	Achtknoten	Stopperknoten, verhindert das Ausscheren eines Endes aus einem Block. Besser als (1), da umfangreicher, zieht sich auch nicht so fest zusammen.
3.	Wurfleinenknoten	zum Beschweren des Tampens einer Leine
4.	Marlspiekerschlag	zum Übertragen größerer Zugkräfte auf dünnes Gut
5.	Kreuzknoten	zum Verbinden gleich starker Enden, vor Gebrauch gut festziehen!
6.	Schotstek, einfach	Verbindung von verschieden starken Enden, nicht für synthetisches Tauwerk.
7.	Schotstek, doppelt	Sicherer als (6), deshalb vorzuziehen.
8.	Stopperstek	zum Anschlagen einer Talje, Verbindung einer dünnen Leine mit dicker Trosse usw.
9.	Trossenstek	verbindet Trossen
10.	Kabelgarnsknoten	verbindet Garne, trägt nicht auf
11.	Liebesknoten	zum Anknoten von neuem Material bei einfach genommenen Netzgarn
12.	Zwei halbe Schläge	zur kurzzeitigen Befestigung eines Endes an einem Pfahl, Mast o. dgl.
13.	Zwei verkehrte halbe Schläge	Das Selbstbekneifen des Tampens verhindert das Lösen der Steke.
14.	Rundtörn mit zwei halben Schlägen	zum Belegen von (Festmacher)leinen an dünnen Balken, Rohren u. ä.
15.	Webleinenstek um Poller	zum Belegen von (Festmacher)leinen an Pollern, auch zum Anstecken von Enden an feste Gegenstände. Synthetisches Material zusätzlich sichern!
16.	Webleinenstek um Reling	wie (15), nur horizontal angesteckt.
17.	Roringstek, einfach	zum Festmachen an einem Ring, auch für Anker.
18.	Roringstek, doppelt	wie (17), besser für Kunstfaser-Tauwerk.
19.	Palstek, einfach	Festes Auge im Tampen eines Endes, das sich nicht zuzieht. Wird zum Anstecken einer Trosse an einen Pfahl verwendet.
20.	Palstek, doppelt	wie (19), jedoch für größere Beanspruchung, auch zur Mannabsicherung bei Außenbordarbeiten.
21.	Belegen auf einer Klampe	Ende in der Form einer 8 um die Klampe fahren. Der erste Rundtörn darf sich nicht selbst bekneifen!
22.	Belegen mit Slipstek	Zusätzliche Sicherheit gegenüber (21): Der abschließende Slipstek ist im Notfall schnell zu lösen.
23.	Halber Schlag mit Bändsel	zum Anstecken von Baumwollgut
24.	Roringstek mit Bändsel	für dauernde Leinenverbindungen
25.	Balken- oder Timmerstek	zum Hieven von Bretterstapeln, Säcken usw., leicht zu lösen.
26.	Stellingstek	zur Befestigung von Stellagenbrettern. Gegen seitliches Abslippen zusätzlich Querbretter vorsehen!
27.	Anstecken eines stehenden Fasses	Buchten liegen in etwa $2/3$ der Höhe um das Faß
28.	Anstecken eines liegenden Fasses	Umlegen des Stropps wie gezeichnet
29.	Hakenschlag	zur Befestigung einer Last am Kranhaken. Ohne Last auf dem Ende trägt der Hakenschlag nicht!
30.	Nackenschlag	wie Schotstek (6)
31.	Kurze Trompete	weitere Möglichkeit zur Befestigung einer Last am Haken
32.	Stroppverkürzung, einfach	wie gezeichnet
33.	Stroppverkürzung, doppelt	wie gezeichnet

Bild 2

Arved und Conrad H. von Sengbusch

Arbeiten mit Tauwerk

kunstgewerblich, praktisch, seemännisch

Frech-Verlag Stuttgart

Bild 2

Arbeitsanleitung zu Bild 1: Seite 57
zu Bild 2: Seite 26

ISBN 3-7724-0212-7

© 1974   4. Auflage 1978
Frech-Verlag GmbH + Co. Druck KG Stuttgart

Druck: Frech Stuttgart

Kleine Tauwerkskunde	Material und Verarbeitung	8
	Werkzeug	10
	Bearbeitungshinweise für Tauwerk	12
Arbeiten mit Tauwerk und Segeltuch	1. Abschleppseil	17
	2. Klettertau	18
	3. Schaukel	18
	4. Strickleiter	20
	5. Hängematte	22
Flechtarbeiten	6. Gürtel in Flachplatting-Technik	23
	7. Gürtel in französischer Platting	24
	8. Zwölfpartiger Gürtel	26
	9. Hundeleine	26
	10. Schlüsselanhänger	28
Praktische Nutz- und Zierknoten	11. Rückspleiß oder spanische Takling	29
	12. Taljereepsknoten, einfach und doppelt	30
	13. Stopperknoten.........................	30
	14. Fallreepsknoten	31
	15. Diamantknoten	31
	16. Tressen	32
Türkische Bunde	17. Topfuntersetzer	34
	18. Flaschen oder Glasuntersetzer	35
	19. Serviettenring	36
	20. Wurfleinenknoten als Schlüsselanhänger ..	37
Das Umwickeln von Gegenständen	21. Saftflasche	39
	22. Manschette für ein Trinkglas	40
	23. Salzfäßchen	42
	24. Gewürzdose	42
	25. Gardinenring	44
Matten	26. Flämische Matte	46
	27. Schlingenmatte	47
	28. Rechteckige Tischmatte	48
	29. Elliptische Tischmatte	49
	30. Fußmatte	50
Netze	31. Kletternetz	53
	32. Murmelnetz	55
	33. Zwiebelnetz	56
	34. Fischerkugel	57
	35. Bade-Schulternetz	59
Kleines Fachwort-ABC	....	61

Bild 3

Arbeitsanleitung zu Bild 3: Seite 48

Einleitung

Kleintauwerk kann neben seiner praktischen Bestimmung auch ein Material für kunstgewerbliche Arbeiten sein.

Die große Zeit dieser Handarbeiten geht auf das 18. und 19. Jahrhundert zurück. Es war die Ära der Windjammer und Handarbeit war noch Trumpf. Der tägliche Umgang mit Tauwerk aller Dimensionen führte zur Freizeitbeschäftigung mit diesem Material, zum „Fancywork". Man versteht darunter ornamentale Phantasie-Handarbeiten aus Tauwerk, die auf langen Seereisen entstanden. Die Arbeiten waren oft ohne praktischen Wert. Sie dienten mehr der Zierde und innerlichen Erbauung. Verziert wurde alles, vornehmlich die Gegenstände des täglichen Gebrauches. Das Traditionsbewußtsein der Seefahrt hat viele dieser Arbeiten erhalten und aufgezeichnet. Zumindest Grundelemente des Fancywork sind bis in unser Zeitalter überliefert worden und erfreuen sich steigender Beliebtheit.

Was will das vorliegende Bändchen? Es führt Sie ein in die verwendeten Materialien und deren Eigenschaften, erklärt die erforderlichen Werkzeuge und vermittelt die Grundkenntnisse, deren es für diese Arbeiten bedarf. Die ausgewählten Beispiele machen Sie mit den verschiedensten Techniken vertraut. Elemente des Fancywork werden dort hinzugefügt, wo es sinnvoll erscheint.

Eine Schwierigkeit bei den Vorbereitungen war die Terminologie, der seemännische Sprachgebrauch. Beschreibungen in seemännischen Handbüchern benutzen fast ausschließlich die Sprache der Seefahrer, die auch Elemente aus dem Englischen enthält. Um möglichst viele Leser anzusprechen, wurde ein Kompromiß zwischen Tradition und allgemeinverständlicher Darstellung notwendig. Dabei wurde der überwiegende Teil der Fachausdrücke übernommen und im Anhang alphabetisch erklärt.

Die Beschäftigung mit Tauwerk ist ein nützliches und preiswertes Hobby, das Geist, Konzentration, Phantasie und manuelles Geschick gleichermaßen anspricht und nebenbei Dinge von praktischem und ästhetischem Wert entstehen läßt.

Kleine Tauwerkskunde

Material und Verarbeitung

Die Bezeichnung „Tauwerk" ist ein Sammelbegriff für Trossen, Seile, Leinen, Garne usw., die grundsätzlich aus Natur- oder Kunstfasern bzw. Draht hergestellt werden können.
Die zur Tauwerksherstellung gebräuchlichen Naturfasern sind Manila, Hanf, Sisal, Kokos und Baumwolle. Zu den Kunstfasern zählen Polyester, Polyamide, Polypropylene und Polyäthylene.

Manila
Ursprung:	Wilde Bananenart, Fasern aus dem Stamm der Pflanze
Anbaugebiete:	Antillen, Neuseeland, Philippinen
Farbe:	Weizenblond, grün wenn konserviert
Faser:	Langfaserig, glänzend, glatt, hart, strapazierfähig
Dehnung:	bis 12%, je nach Verarbeitung
Sonstiges:	Zerreißfest, widerstandsfähig gegen Wasser und Feuchtigkeit, wasserabstoßend, als neues Tauwerk hart und steif, deshalb schwer zu bearbeiten.

Hanf
Ursprung:	Hanfpflanze, Fasern aus dem Stengel der Pflanze
Anbaugebiete:	Amerika, Europa, Nepal, Philippinen, UdSSR
Farbe:	Graugrün
Faser:	Weich, stumpf, langfaserig
Dehnung:	Geringer als Manila
Sonstiges:	Anfällig gegen Wasser und Feuchtigkeit, deshalb oft mit Holzteer konserviert. Tauwerk wird durch Konservierung härter.

Sisal
Ursprung:	Sisalagave, Fasern aus den Blättern der Pflanze
Anbaugebiete:	Afrika, Brasilien, Mexiko
Farbe:	Gebleicht fast weiß
Faser:	Glatt, kürzer und härter als Hanf und Manila
Dehnung:	Ähnlich wie Manila, gilt auch für Bruchfestigkeit
Sonstiges:	Sisaltauwerk quillt, ist rauh und wenig lehnig, preiswert

Kokos
Ursprung:	Kokosnuß, Fasern
Anbaugebiete:	Tropen
Farbe:	Braun
Faser:	Kurz, kraus, hart
Dehnung:	Als Tauwerk elastisch
Sonstiges:	Schwimmfähig, leicht

Baumwolle

Ursprung:	Baumwollstaude, Samenhaare
Anbaugebiete:	USA, Ägypten
Farbe:	Rohweiß, gebleicht weiß
Faser:	Kurz, weich
Dehnung:	Groß, abhängig auch von der Verarbeitung (geflochten oder geschlagen)
Sonstiges:	Lehniges Tauwerk

Synthetische Fasern

Polyester (PES):	(Trevira, Terylene, Diolen) Dehnung 18 ... 20 %, Terylene heiß vorgereckt 5 ... 10 %. Geringere Wasseraufnahme als PA.
Polyamide (PA):	(Perlon, Nylon, Amilan, Enkalon) Dehnung 30 ... 35 %
Polypropylene (PP):	Monofile und Filme Schwimmfähig, hart, steif, schwer zu verarbeiten, Bruchfestigkeit ähnlich PES und PA.
Polyäthylene(PE):	(Courlene, Danaflex)

Für diese Kunstfasern gelten allgemein folgende Eigenschaften: Geringes Gewicht, kein Verrotten und Quellen, Säurebeständigkeit, geringe Wasseraufnahme, Bruchfestigkeit 80 ... 100 % größer im Vergleich zu gleichstarkem Manilatauwerk.
Empfindlich gegen Scheuern (Abrieb) und Lichteinwirkung.

Verarbeitung der Materialien zu Tauwerk

Die beschriebenen Natur- oder Kunstfasern bilden den Rohstoff für die Herstellung von Tauwerk. Je nach der Art der verwendeten Materialien spricht man von Manila-, Hanf-, Sisal-, Perlontauwerk usw. Unterschieden wird ferner zwischen **geschlagenem** und **geflochtenem** Tauwerk. Geschlagenes Tauwerk wird rechts- oder linksgeschlagen gefertigt.
Bei der Herstellung von geschlagenem Tauwerk werden z. B. Manilafasern **rechts**herum zu Kabelgarn gedreht. Mehrere Kabelgarne **links**herum zusammengedreht ergeben dann eine Kardeele, und aus mehreren **rechts**herum geschlagenen (gedrehten) Kardeelen entsteht schließlich ein Ende von rechtsgeschlagenem Tauwerk.
Rechtsgeschlagenes 3kardeeliges oder 3schäftiges Tauwerk wird am häufigsten verwendet. Daneben gibt es auch 4schäftiges Tauwerk für Sonderanwendungen.

Linksgeschlagenes Tauwerk wird wie rechtsgeschlagenes hergestellt, die Drehrichtungen sind sinngemäß entgegengesetzt.
Um bei Tauwerk aus der Anordnung der Kardeelen zwischen Rechts- und Linksschlag zu unterscheiden, sind auch die bildlich zu verstehenden Bezeichnungen „Z-Schlag" (rechts) und „S-Schlag" (links) gebräuchlich.

Bild 4

Allgemein gelten für geschlagenes Tauwerk noch folgende Fachbegriffe:

Trossenschlag: Dreischäftiges Tauwerk
Wantschlag: Vierschäftiges Tauwerk
Kabelschlag: Tauwerk aus im Trossenschlag hergestelltem Gut

Flechttauwerk wird aus miteinander verflochtenen Kardeelen hergestellt. Handelsüblich ist z. B. 8- oder 16fach geflochtenes Tauwerk. Bevorzugte Materialien sind Baumwolle und Kunststoff-Stapelfaser. Die daraus gefertigten Leinen sind weich und lehnig, dehnen sich aber stark.
Flechtleinen lassen sich mit wenigen Ausnahmen (4fache gerade Rundplatting, schlauchförmige Konstruktionen) nur von Fachleuten spleißen.

Der **Durchmesser** von Tauwerk wird heute in mm angegeben, wobei 2-mm-Abstufungen — beginnend bei 6 mm — üblich sind. Parallel sind auch noch Zollangaben gebräuchlich, die sich auf den **Umfang** beziehen.

Kleintauwerk

Für die Beispiele in diesem Buch wird überwiegend Kleintauwerk benötigt. Tauwerk dieser Art wird geschlagen (zwei-, drei-, vierkardeelig) und geflochten gefertigt und in verschiedenen Stärken, allgemein jedoch unter 6 mm im Durchmesser, angeboten. Die Handelsformen sind Garn (dünnes Gut) oder Leinen (Bändselgut), wobei je nach Verwendungszweck unterschieden wird. **Garne** z. B. gibt es als Segel-, Takel-, Netz-, Schiemannsgarn, Hüsing usw., **Leinen** als Marl-, Flagg-, Fischleine und unter ähnlichen Bezeichnungen.

Werkzeug

„Gutes Werkzeug ist die halbe Arbeit", das gilt auch für die Bearbeitung von Tauwerk. Als Grundausrüstung sollte vorhanden sein:

1 Marlspieker
1 Matrosen(Bord-, Takel-)messer oder Klappmesser
1 Seglermesser
1 Balsaholzmesser
1 Kombinationszange
1 Segelmacherhandschuh
1 Satz Seglernadeln

Wünschenswert wäre zusätzlich normales Haushaltswerkzeug, das durch eine Schere, eine gerade Pinzette und eine Flachzange erweitert werden kann. Der **Marlspieker** ist ein spitz zulaufender Dorn aus rostfreiem Stahl, der in Längen von ca. 170 . . . 200 mm geliefert wird. Es gibt Ausführungen mit Hohlkehle (Vorteile beim Spleißen von Drahttauwerk) oder ohne. Als Universalwerkzeug wird der Marlspieker zum Spleißen, Hebeln, Klopfen, Aufbrechen festsitzender Knoten u. dgl. verwendet.

Das **Matrosenmesser** ist ein scharfes Messer mit feststehender, rostfreier ca. 130 mm langer Klinge. Es wird auch unter den Bezeichnungen „Bord-" bzw. „Takelmesser" angeboten und wird zum Kappen von Tauwerk benötigt. Gleichgut geeignet ist das bekannte (Fallschirmjäger)Klappmesser. Das Seglermesser ist das ideale Werkzeug für kleinere Tauwerksarbeiten, wie sie in diesem Buch beschrieben werden. Es ist ein Taschenmesser, das zusätzlich einen Marlspieker kleinerer Dimension (Pricker) enthält. Universalmesser dieser Art gibt es auch mit Korkenzieher, Kronkorkenheber, Schraubendreher, Säge usw.

Das **Balsaholzmesser** leistet gute Hilfe bei feinen Tauwerksarbeiten. Eine Ausführung („MULTICRAFT") enthält z. B. vier auswechselbare rasiermesserscharfe Klingen unterschiedlicher Form. Ersatzweise kann für die meisten Arbeiten dieser Kategorie auch ein Federmesser verwendet werden.

Die **Kombinationszange** ist das bekannte Werkzeug mit universellen Eigenschaften.

Der **Segelmacherhandschuh**, den es für Rechts- und Linkshänder gibt, ist eine Hilfe bei Näharbeiten aller Art.

Segelnadeln haben eine dreikantige Spitze, die das Nähen von Leder und Segeltuch erleichtert.

Im Handel erhältlich sind preiswerte Zusammenstellungen von Nadeln, wie sie für die verschiedenen Näharbeiten (Säcke, Matten, Polster, Läufer, Teppiche, Bezüge, Lampenschirme, Spielzeug und Lederwaren) benötigt werden. Für Nähmaschinen werden ebenfalls Spezialnadeln angeboten.

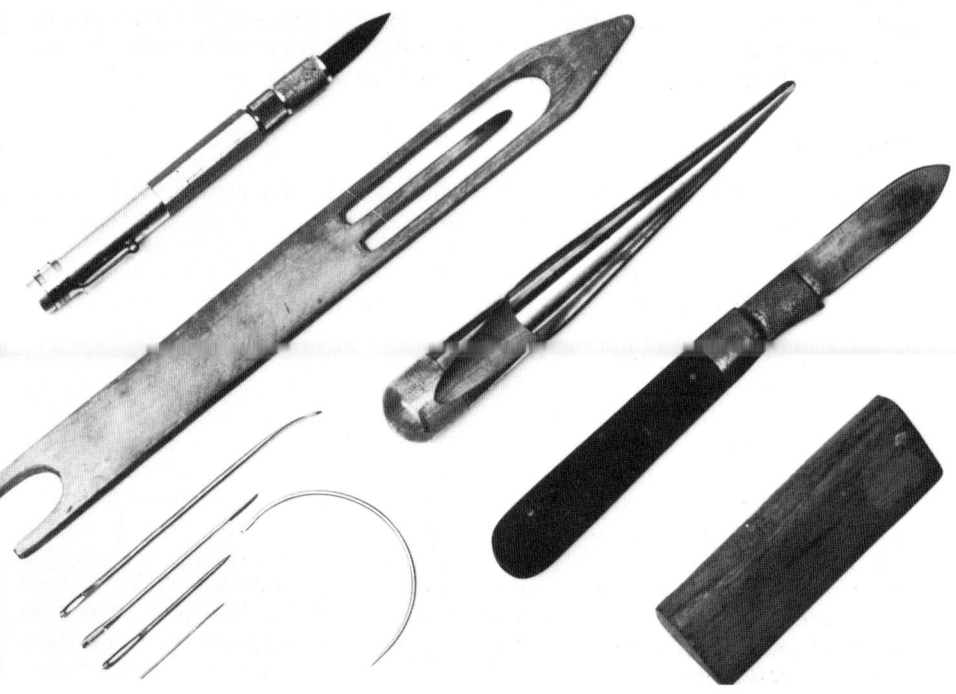

Bild 5

Bearbeitungshinweise für Tauwerk

Ehe Sie mit der Bearbeitung von Tauwerk beginnen, sollten Sie sich mit den grundlegenden Handgriffen vertraut machen. Die Anfertigung von Taklingen, das Aufsetzen von Bändseln und einfache Spleißarbeiten sind dazu die geeignete Übung. Vermittelt werden hier nur die Grundelemente seemännischer Handarbeiten. In der Seefahrt ist eine Vielzahl weiterer Variationen bekannt, die alle ihre Berechtigung haben, den Rahmen dieses Buches aber sprengen würden.
Doch vorerst noch einige wichtige Fachbezeichnungen:
Ein Stück Tauwerk wird als „Ende" bezeichnet, der Anfangs- und Endteil als „Tampen".
Wird das Ende haarnadelförmig gelegt, dann entsteht eine „Bucht" mit „Parten" (Bild 6 a).
Sich kreuzende Parten bilden ein „Auge" (Bild 6 b).

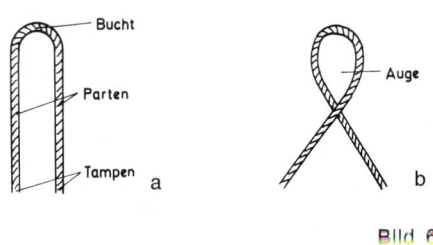

Bild 6

Taklinge

Durch Taklinge wird das Aufdrehen der Kardeelen an den Tampen verhindert. Die Breite der Taklings wird allgemein mit $1/3$ des Trossenumfangs gewählt.
Je nach der Art der Belastung, der ein Tampen ausgesetzt ist, werden einfache, genähte oder gekreuzte Taklinge erforderlich.

Einfache (Behelfs)Taklinge

Sie werden zum Sichern von Vorratstauwerk und als vorübergehende Hilfsmaßnahme beim Spleißen von Tauwerk benötigt. Behelfstaklinge sollen nicht auf Gebrauchstauwerk aufgesetzt werden!
Die folgenden Beispiele gelten für rechtsgeschlagenes Tauwerk.
Nach Bild 7 a wird zunächst eine Bucht aus Takelgarn über den Tampen des Tauendes gelegt. Darauf wird das Takelgarn Törn für Törn bis zur gewünschten Länge aufgebracht. Der gekappte Tampen des Takelgarnes wird anschließend durch die Bucht gesteckt (7 b).

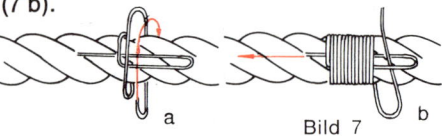

Bild 7

Der andere Tampen wird nun so weit durchgeholt, daß die Bucht bis etwa zur Mitte in das Innere des Taklings hineingezogen wird. Bei einem weiteren Durchholen besteht die Gefahr, daß sich der Takling löst.
Diese Gefahr besteht bei der Variante nach Bild 8 nicht. Begonnen wird wie in Bild 7, jedoch ohne Bucht (8 a). Nachdem etwa die Hälfte der vorgesehenen Taklingslänge erreicht ist, wird der letzte Törn mit dem Daumen bekniffen (festgehalten) und mit einem Teil des restlichen Takelgarnes eine Bucht gebildet (8 b). Während die eine Part der Bucht bis zum Erreichen der erforderlichen Länge des Taklings weitergetörnt wird, kommt die andere Part auf die Innenseite des Taklings zu liegen. Der Daumen der linken Hand und der Zeigefinger sichern dabei die vorhandenen Törns und den Tampen des Takelgarnes, während mit der rechten Hand die letzten vier Törns so gelegt

werden, daß sie über den Tampen des Takelgarnes zu liegen kommen (8 c).

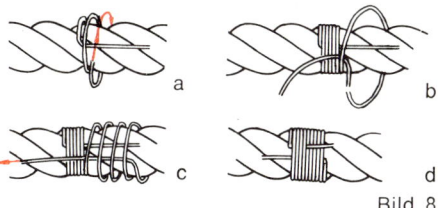
Bild 8

Die Skizzen sagen hier mehr als viele Worte. Abschließend wird der Tampen durchgeholt und dicht am Takling gekappt (8 d).
Der Takling nach Bild 9 eignet sich lediglich zum Sichern von Vorratstauwerk. Begonnen wird wieder wie in Bild 8. Auf einige Rundtörns folgt eine beliebige Anzahl von Kopfschlägen. Nach dem Festziehen der Törns und Schläge werden die Tampen des Takelgarnes am Takling gekappt.

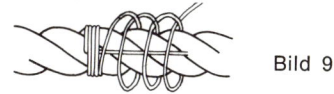
Bild 9

Genähte Taklinge

Taklinge dieser Art sind wesentlich haltbarer und für die Anwendung bei Gebrauchstauwerk bestimmt. Die Länge beträgt wieder $1/3$ des Trossenumfanges, was etwa dem Durchmesser entspricht. Verwendet wird gewachstes Takelgarn. An Werkzeug benötigen Sie für stärkeres Tauwerk einen Marlspieker, einen Segelmacherhandschuh und eine passende Segelnadel. Begonnen wird wie in Bild 10 gezeichnet, indem das Takelgarn mit der Nadel zwischen 2 Kardeelen durchgesteckt wird (10 a). Es folgt dann die erforderliche Anzahl von Rundtörns unter denen der Anfang des Takelgarnes zu liegen kommt (10 b). Nachdem alle

Törns noch einmal durchgeholt (festgezogen) worden sind, wird das Garn unter einer Kardeele durchgesteckt und quer über die Rundtörns hinweg nach links geführt. Dabei wird der Keepe des Tauwerks gefolgt. Wie gezeichnet, verläuft das Garn dann wieder unter einer Kardeele und weiter von links nach rechts entlang der Keepe (10 c). Auf diese Weise wird mäanderförmig fortgefahren bis auch die

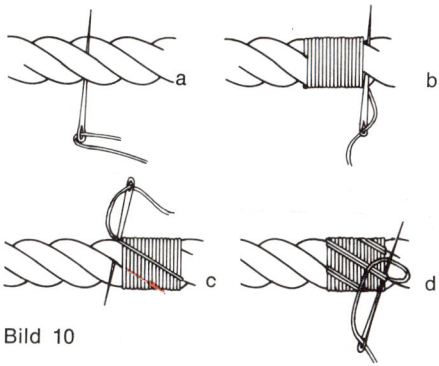
Bild 10

dritte Keepe ausgefüllt ist. Es beginnt dann die Verdopplung der querliegenden Parten im gleichen Arbeitssinn. Der restliche Tampen des Takelgarnes wird mit einem halben Schlag gesichert und abschließend gekappt (10 d). Bild 11 zeigt Ihnen als Variante des genähten Taklings den **gekreuzten Takling,** der für Flechttauwerk benötigt wird. Der Anfang entspricht der Darstellung in Bild 8. Nachdem die Rundtörns gelegt sind (11 a), wird das Takelgarn unter Zuhilfenahme einer Segelnadel um die beiden letzten Törns herumgeführt (11 b) und dann im Zickzack um den Umfang des Taklings so

Bild 11

vernäht, daß die entstehenden Schlingen jeweils zwei Törns erfassen und sich selbst bekneifen. Am Ausgangspunkt angekommen wird der Tampen des Takelgarnes durch zwei halbe Schläge gesichert und gekappt. Um ein Abslippen des Taklings zu verhindern, sollen beim Nähen auch jeweils einige Fäden des zu sichernden Tampens mit erfaßt werden.

Das Aufsetzen eines einfachen Bändsels

Bändsel werden zum Festsetzen zweier parallellaufender Tauenden benötigt. Anwendung: Sichern von Steken (Knoten) aller Art, Strickleitern. Die Bilder 12 a, 12 b und c erklären Ihnen die Arbeitsgänge. Zunächst wird in das Takelgarn ein Behelfsauge gespleißt und damit um beide Tauenden eine laufende Schlinge gelegt. Die Schlinge wird festgezogen und die Törns aufgebracht. Die Breite des Bändsels soll in etwa $2/3$ der gesamten Breite der zu verbindenden Taue entsprechen. Zum Sichern des Bändsels wird das Takelgarn zwischen den Tauenden hindurch und zweimal um die jetzt quer liegenden Törns herumgeführt, ehe der Tampen mit einem sich selbst bekneifenden Knoten festgelegt und gekappt wird.

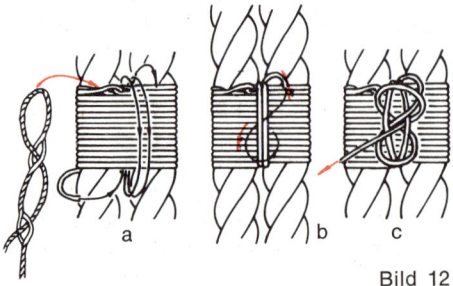

Bild 12

Spleißen von Tauwerk

Spleiße werden zum Verbinden von Tauwerk benötigt. Unterschieden wird zwischen dem Kurz-, Lang- und Augspleiß. Bekannt sind die verschiedensten Varianten, die neben den Erfordernissen auch die Materialeigenschaften, Tauwerkkonstruktionen u. a. m. berücksichtigen. Für die in diesem Buch beschriebenen Arbeiten genügen Grundkenntnisse für die Anfertigung von Kurz- und Augspleißen.

Der Kurzspleiß

Die zu verspleißenden Tampen werden etwa 6 Törns aufgedreht und gegen weiteres Aufdrehen durch Behelfstaklinge entsprechend Bild 9 gesichert.

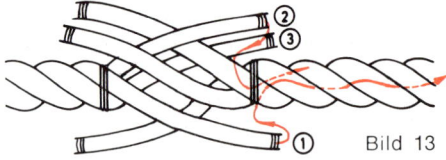

Bild 13

Die jetzt freiliegenden Kardeelen müssen ihre Drehung behalten und sind an den äußeren Enden zusätzlich mit Tesakrepp o. ä. zu sichern. Die Kardeelen beider Tauenden werden nun ineinandergesteckt (Bild 13), so daß je ein Kardeel des einen Taues zwischen zwei des anderen Taues zu liegen kommt. Jetzt beginnt der eigentliche Spleißvorgang, wobei die Kardeele 1 — wie gezeichnet — **gegen** den Schlag mit jeder der gegenüberliegenden Kardeelen durch Über- und Unterfahren verbunden wird. Die Kardeelen 2 und 3 folgen sinngemäß. Der Behelfstakling des rechten Tampens wird danach gelöst und mit den noch zu verspleißenden Kardeelen wie beschrieben verfahren. Im allgemeinen ist ein dreimaliges Durchstecken der Kardeelen ausreichend. Ein Marlspieker leistet hier gute Hilfe. Der fertige Kurzspleiß wird durch allseitiges Beklopfen mit dem Marlspieker gefestigt und die aus dem Gut herausstehenden Tampen in geringem Abstand vom Tau gekappt.

Der Augspleiß

Verwendet wird dieser Spleiß immer dort, wo im Tauwerk ein Auge benötigt wird. Die Bilder 14 a, b, c zeigen Ihnen die Einzelheiten. Das Tauwerk wird wieder ca. 6 Törns aufgedreht und der Tampen sowie die Kardeelen wie beim Kurzspleiß gesichert.

Das Auge wird nun in der gewünschten Größe gebildet und zur weiteren Bearbeitung hochkant gestellt. Die obenliegende Kardeele 1 wird **gegen** den Schlag unter eine feste Kardeele des Tauendes gesteckt (14 a). Jetzt wird der Spleiß in der Längsachse etwas gedreht und die Kardeele 2 — wie angedeutet — unter der zugehörigen festen Kardeele durchgesteckt (14 b). Es folgt nach weiterer Drehung die Kardeele 3 (14 c).

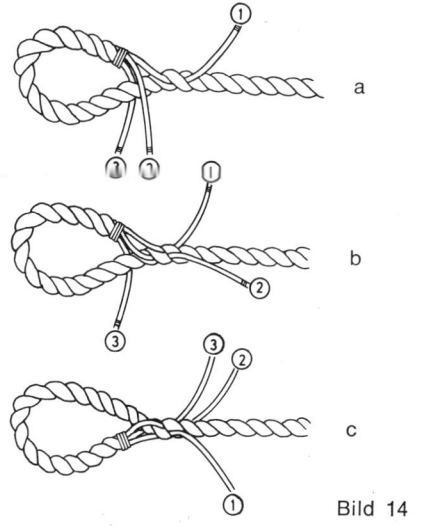

Bild 14

Aus jeder Keepe des Tauwerks muß nun symmetrisch eine Kardeele herauskommen. Nach dem vorsichtigen Durchholen (Festziehen) der drei Kardeelen kann der Behelfstakling entfernt und mit dem weiteren Verspleißen fortgefahren werden. Ein dreimaliges Durchstecken der Tampen genügt auch hier. Der fertige Spleiß wird zum Erreichen einer höheren Festigkeit allseitig beklopft und die aus dem Material herausstehenden Kardeelen wie beim Kurzspleiß gekappt.

Nützliche Tips

1. Für die Beispiele in diesem Buch wird überwiegend Naturfasertauwerk verwendet. Synthetisches Gut wird ähnlich verarbeitet (Ausnahmen s. Text). Um das Aufdrehen der Tampen zu verhindern, werden die Kardeeltampen mit einem Abbund aus Tesafilm, Tesakrepp oder selbstklebendem Gewebeband versehen. Das Spleißen des Materials wird dadurch wesentlich erleichtert, und weitere Sicherungsmaßnahmen entfallen.
Bekannt ist auch ein als „Patent-Takling" bezeichnetes Verfahren, bei dem der Tampen in eine aushärtende Flüssigkeit getaucht wird. Es entsteht dabei eine dauerhafte elastische Kappe. In letzter Zeit wird auch Schrumpfschlauch für Taklinge verwendet.

2. Generell gilt für alles Tauwerk: Neues Material wird in Rollen geliefert. Benötigen Sie ein längeres Ende, dann wird die Rolle am besten aufgehaspelt (aufgebockt) und das Tauwerk durch Abrollen entnommen. Eine andere Möglichkeit besteht darin, das Material aus dem Rolleninneren zu entnehmen. Hierbei ist zu beachten: Drehen Sie die Rolle so, daß der innere Anfang **unten** liegt.

Ziehen Sie dann den Tampen nach oben heraus, führen Sie ihn ggf. über einen Block (Bild 15), und schießen Sie das Tauwerk dann **im Uhrzeigersinn auf**. Das Gesagte gilt für rechtsgeschlagenes Tauwerk, bei linksgeschlagenem ist beim Aufschießen entgegengesetzt zu verfahren.

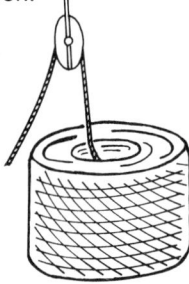

Bild 15

Eine angebrochene Rolle sollte mit Bändseln gesichert werden. Die Tampen sind mit Taklingen zu versehen.
Beim Aufschießen von Tauwerk in Buchten ist wie folgt vorzugehen:

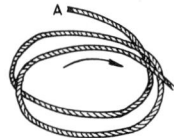 

Bild 16

Rechtsgeschlagenes Gut wird — beginnend bei A — (Bild 16) im Uhrzeigersinn aufgeschossen. Die Drehung wird dabei aus dem Material genommen und die Bildung von Kinken verhindert.
Linksgeschlagenes Gut wird entgegen dem Uhrzeigersinn aufgeschossen.

Bitte beachten Sie: Ihnen noch unbekannte Fachbezeichnungen in den nun folgenden Texten zu den Beispielen schlagen Sie bitte im Fachwort-ABC im Anhang nach.

Vorschläge: Arbeiten mit Tauwerk und Segeltuch

Vorschlag 1

Abschleppseil

Abschleppseile für Pkw werden aus Draht- oder Fasertauwerk, geschlagen oder geflochten und in unterschiedlichen Materialstärken und Längen angeboten.
Als Tauwerk wird synthetisches Material in Stärken von 12 ... 14 mm ⌀ neben Naturfasergut von 18 mm ⌀ verwendet, womit sich Festigkeitswerte von 2000 ... 2300 kg erreichen lassen. Die Gebrauchsfestigkeit ist etwa 1/6,5 dieser Werte.
Das in diesem Beispiel verwendete Tauwerk ist überdimensioniert.

Bild 18

Material für das Abschleppseil:

1. 4,50 m Polypropylentauwerk (Stapelfaser), geschlagen, 3schäftig, 18 mm ⌀, Bruchfestigkeit 4450 kg. Ersatzweise auch ähnliche Qualitäten.

2. 1 Stellacht, passend zum Tauwerk.

Die Anfertigung erfolgt wie in Bild 17 dargestellt: Spleißen Sie zunächst an den einen Tampen mittels eines Augspleißes die Stellacht, und stecken Sie zur Vermeidung des Herausslippens die Kardeeltampen vier- bis fünfmal durch. Der andere Tampen des Abschleppseiles erhält ebenfalls einen Augspleiß. Das Auge dieses Spleißes muß so groß sein, daß die Stellacht leicht hindurchgesteckt werden kann. Die herausstehenden Kardeeltampen werden mit selbstklebendem Gewebeband gesichert und die Tampen abschließend gekappt.
Das fertige Abschleppseil zeigt Ihnen Bild 18. Bei der Handhabung ist darauf zu achten, daß das Seil vor scharfen Kanten geschützt ist. Wegen der Länge von mehr als 2,75 m ist außerdem (§ 43 (3) StVZO) ein roter Lappen zur Kennzeichnung erforderlich.
Neben der beschriebenen Art gibt es eine Reihe weiterer bewährter Mechaniken, so z. B. den Schnellverschluß DBGM für Stahlseile, die Doppelspirale DBGM, die Stahlspirale und den Schäkel.

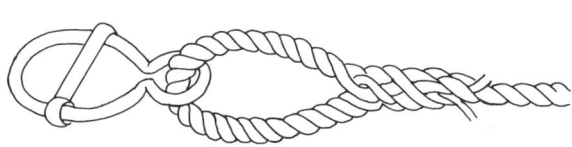

Bild 17

Vorschlag 2

Klettertau

Dieses Klettertau ist als Sportgerät für Kleinkinder gedacht und kann z. B. an der Teppichstange befestigt werden. Das verwendete Material ist das gleiche, wie es auch in den Schulturnhallen benutzt wird. Für einen dauernden Verbleib im Freien ist es nicht geeignet, hier ist Kunstfaser- oder Manilatauwerk mit gleichen Dimensionen vorzuziehen.

Material für das Klettertau:

1. 3 m Langhanftauwerk, geschlagen, 3schäftig, 30 mm ⌀.
2. 2,50 m Terylene-Takelgarn, gewachst, 1,5 mm ⌀.

Setzen Sie auf den einen Tampen einen genähten Takling. Der andere Tampen bildet den unteren Abschluß des Taues und wird mit einem einfachen Diamantknoten verziert. Die Herstellung dieses Knotens wird unter der Rubrik „Praktische Nutz- und Zierknoten" eingehend beschrieben.
Die Befestigung des Klettertaues an der Teppichstange oder dem Schaukelgestell erfolgt mit einem Webleinenstek (Bild 19 und 20). Manche Schaukelgestelle enthalten bereits Haken zur

Bild 20

Befestigung von Sportgeräten. In diesem Fall kann der Takling entfallen und stattdessen ein Ring mit einem Augspleiß am Seil befestigt werden.

Vorschlag 3

Schaukel

Aus der Vielzahl möglicher Schaukelkonstruktionen ist hier eine verstellbare Bauart gewählt worden, die leicht selbst herzustellen und gleichermaßen für innen und außen geeignet ist. Die Schaukel kann auch von Erwachsenen benutzt werden.

Bild 19

Bild 21

Material für die Schaukel:

1. 6 m Sisaltauwerk, geschlagen, 4-schäftig, 12 mm ϕ. Materialzugabe bei Befestigungspunkten in mehr als 2 m Höhe erforderlich!
2. 2 Schaukelringe.
3. 2 Stellachten, passend zum Tauwerk.
4. 1 Schaukelbrett, Buche, beidseitig gehobelt, 50 x 15 cm, 20 mm dick, Kanten einseitig gebrochen, Löcher nach Skizze.
5. 2-Komponenten-Kleber (Stabilit, UHU-hart oder dergl.).
6. Einlaßgrund (Zweihorn).
7. Kunstharzlack-Klarlack (Bootslack), hochglänzend.

Die einzelnen Phasen der Konstruktion und Hinweise für weitere Bauarten (Kinderschaukeln für die Wohnung) entnehmen Sie bitte Bild 21 und 22. Beginnen Sie mit der Vorbereitung des Schaukelbrettes, das Sie sich am besten bei einem Tischler anfertigen lassen. In das Brett werden nun entsprechend den Maßangaben vier Löcher von 13 mm ϕ gebohrt und die Lochkanten etwas angesenkt. Anschließend wird das Brett mit Einlaßgrund behandelt und dann zweimal mit Bootslack gestrichen.

Der vorhandene Seilvorrat wird jetzt geteilt, so daß zwei 3-m-Enden entstehen. Jede Seillänge versehen Sie nun einseitig mit einem Schaukelring. Der Tampen wird dazu mit $1^1/_2$ Rundtörn durch den Ring geführt und mit dem Tau verspleißt. Das Spleißen von 4-schäftigem Tauwerk unterscheidet sich nur unwesentlich von der beschriebenen Art für 3schäftiges Gut. Die evtl. vorhandene mittlere Seele wird bereits am Behelfstakling gekappt. Statt einer Kardeele liegen bei 4schäftigem Tauwerk **zwei** Kardeelen mittig oben, die zunächst **gemeinsam** eine Kardeele des Tauwerks unterfahren und sich erst dann teilen.

Gemessen vom Ring schneiden Sie nun ein Ende von 1,65 m ab (evtl. hier Zugabe beachten). An den noch freien Tampen dieses Endes wird die Stellacht mit einem Augspleiß eingespleißt. Das restliche Ende des 3-m-Stückes wird nun gemittelt. Durch zweimaliges Durchstecken entsteht ein „festes Auge". Achten Sie darauf, daß die zum festen Auge gehörigen Parten gleich lang sind. Die Tampen der Parten werden jetzt durch die Bohrungen des Schaukelbrettes gesteckt und auf der Unterseite mit einem einfachen Diamantknoten abgeschlossen. Die Knoten werden an der Stirnseite zusätzlich

mit einem Klecks 2-Komponenten-Kleber gesichert.
Nachdem Sie auch das zweite 3-m-Ende entsprechend verarbeitet haben, kann die Schaukel montiert werden. Die Schaukelringe werden in die Haken des Schaukelgestells eingehängt, wobei darauf zu achten ist, daß Haken und Ringe rechtwinklig zueinander stehen. Stecken Sie dann die Stellachten durch die entsprechenden festen Augen und verkürzen Sie das Seil nach Belieben. Das verkürzte Seil wird abschließend fixiert, indem das Tau in einer Bucht durch die längliche Öse der Stellacht geführt und mit dem abklappbaren Steg beklemmt wird.

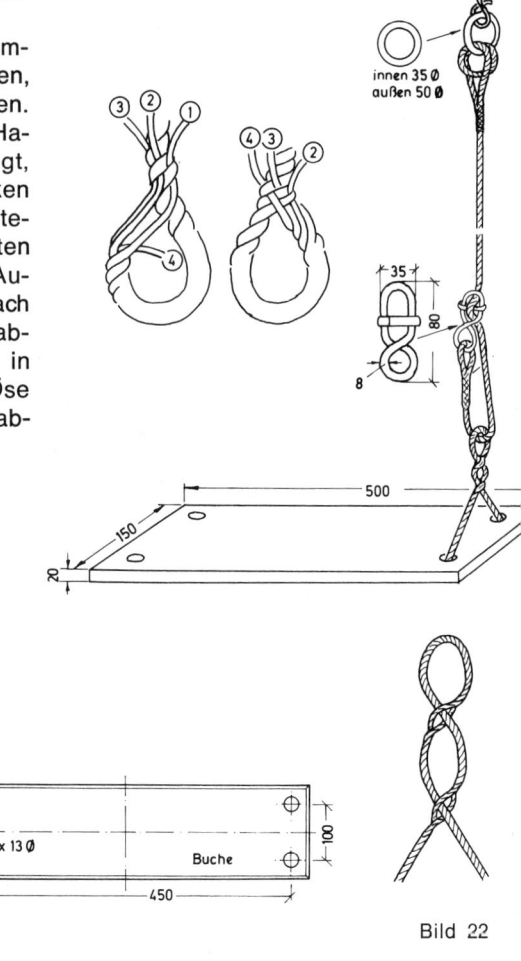

Bild 22

Vorschlag 4

Strickleiter

Strickleitern sind in vielen Variationen bekannt. Sie lassen sich zusammenrollen und damit leicht verstauen. Die hier gefertigte Leiter ist eine verkleinerte Ausgabe der sog. „Lotsenleiter", wie sie auf Seeschiffen gebräuchlich ist. Leitern dieser Art können als Badeleitern auf Sportbooten, als Leiter für Kinder-Etagenbetten, als Sportgerät o. ä. verwendet werden. Von Fall zu Fall sollte die unterste Stufe gegen ein seitliches Ausscheren gesichert werden.

Material für die Strickleiter:

1. 10 m Sisaltauwerk, geschlagen, 3schäftig, 10 mm ⌀.
2. 36 m Terylene-Takelgarn, gewachst, 1,5 mm ⌀.
3. 6 Holzstufen, Oregon-Pine (Rifts), beidseitig gehobelt, 32,5 x 6 cm, 20 mm dick, Kanten einseitig gebrochen, Löcher nach Skizze.
4. Einlaßgrund (Zweihorn).
5. Kunstharz-Klarlack (Bootslack), hochglänzend.

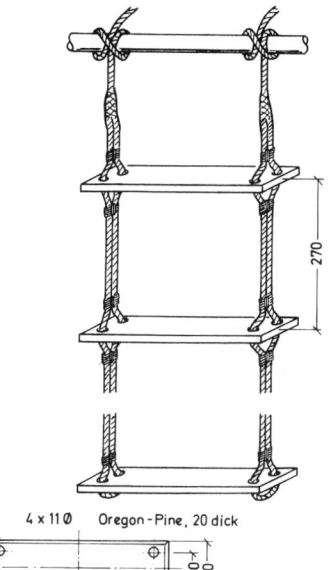

Bild 23

Die Einzelheiten zur Strickleiter-Anfertigung entnehmen Sie bitte Bild 23. Begonnen wird mit der Anfertigung der 6 Stufen. Das Holz ist als Leistenmaterial im einschlägigen Handel erhältlich. Wählen Sie das harte Oregon-Pine (Rifts) mit der engen und gleichmäßigen Maserung, ersatzweise auch Buche oder Esche. Die Stufen werden auf Länge geschnitten und die Kanten einseitig gebrochen. Dann werden die Löcher entsprechend den Maßangaben gebohrt und beidseitig leicht angesenkt. Es folgt dann die Behandlung des Holzes mit Einlaßgrund und ein zweimaliger Anstrich mit Bootslack. Nun zur Verarbeitung des Tauwerks: Das 10-m-Ende wird geteilt, so daß Längen von je 5 m entstehen. Diese Enden werden so zu einer Bucht gelegt, daß sich Parten von 1,65 und 3,35 m Länge ergeben. Die Tampen der Parten stecken Sie jetzt durch die entsprechenden Löcher der Stufen (gebrochene Kanten nach oben), schieben die unterste Stufe bis zur Bucht durch und binden sie dann mit je einem Bändsel ein. Die Bändsel verbinden die links und rechts laufenden parallelen Parten auf der Oberseite der Stufe. Pro Bändsel wird etwa 1,5 m Takelgarn benötigt. Bei den folgenden Arbeitsgängen weist der Anfang der Bändsel jeweils zur Stufe; die abschließenden Knoten liegen auf der Innenseite der Strickleiter.

Die unterste Stufe wird jetzt in einen Schraubstock o. ä. eingespannt. Dann werden die Tampen des 1,65-m-Endes wie bei einem Augspleiß mit der 3,35 m langen Part verspleißt. Das dadurch entstandene Befestigungsende wird gespannt und die restlichen 5 Stufen in Abständen von 27 cm über die parallellaufenden Parten verteilt. Anschließend erfolgt das Einbinden der Stufen mit Bändseln auf der Ober- und Unterseite, wobei die parallele Lage der Stufen zueinander mit einer Wasserwaage zu kontrollieren ist.
Auf die Tampen der Befestigungsenden werden genähte Taklings aufgesetzt. Für die Anbringung der Strickleiter an Rundmaterial (Teppichstange, Äste) eignet sich der Webleinenstek, für Ringe oder Haken ist der Roringstek vorzuziehen.

Vorschlag 5

Hängematte

Die Konstruktion dieser Hängematte erfordert nicht die Kenntnis des Netzstrickens. Sie wird aus Segeltuch oder festem Markisenstoff angefertigt. Ihre Bauart entspricht der englischen Royal-Navy-Matte, wie sie in den Marinen vieler seefahrender Nationen in gleicher oder ähnlicher Form noch heute in Gebrauch ist. Der Vorteil dieser Matten gegenüber geknüpften liegt darin, daß man sein Hab und Gut durch Zusammenlaschen der Matte wassergeschützt verstauen kann.

Material für die Hängematte:

1. 2,20 m Segeltuch (leichte Qualität) oder fester Markisenstoff.
2. 30 m Hanfleine, geschlagen, 3schäftig, 5 mm ⌀ (2 x 8 Enden je 1,85 m).
3. 8 m Hanftauwerk, geschlagen, 3-schäftig, 8 mm ⌀ (2 Enden je 4 m).
4. 2 Stahlringe für Hängematten (Fachhandel).
5. Spezialwerkzeug und Zubehör nach Text.

Die Anfertigung: Sie benötigen 2,20 m Segeltuch leichter Qualität, das gut 1 m breit liegt. Nach Bild 24 legen Sie die Kanten allseitig ca. 10 cm um und vernähen das Ganze über den Umfang mit einer Haushaltsnähmaschine (festes Garn gleichen Materials und eine dreikantige Nadel verwenden!).
Die klassische Royal-Navy-Matte hat 16 Löcher auf jeder Seite, die hier mit Messingösen eingefaßt werden. Entweder lassen Sie die Löcher und Ösen bei einem Sattler einbringen, oder Sie kaufen sich im Fachhandel das erforderliche Spezialwerkzeug (Locheisen, Stanze, Ösen) und machen es selbst.
Jede Seite der Hängematte (Kopf- und Fußende) wird über Leinen mit je einem Ring verbunden. Die Leinen werden gemittelt verarbeitet, pro Seite benötigen Sie also 8 Enden von 1,85 m. Die Befestigung am Ring erfolgt mit einem Stek nach Einzelheit A, der zusätzlich mit einem Bändsel gesichert wird. Die Tampen der Leinen werden mit einem Takling versehen. Wie gezeichnet und ohne sich zu kreuzen werden sie durch die Ösen gesteckt (B) und mit sich selbst bekneifenden halben Schlägen an der Matte befestigt. Die Geometrie der Leinenanordnung erfordert es, daß die Leinen verschieden weit durchgesteckt werden müssen. Auf alle Fälle sollten die Tampen so lang sein, daß ein Herausslippen verhindert wird.

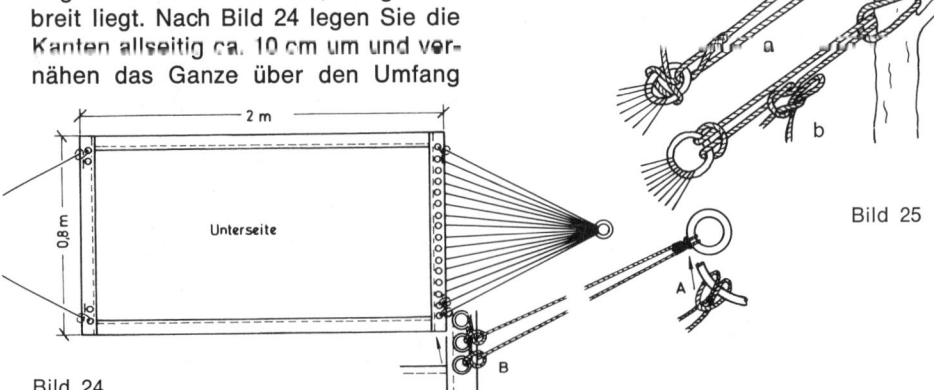

Bild 25

Bild 24

Ist die Matte auf diese Weise fertiggestellt, dann kann zusätzlich zum Ebnen der Liegefläche am Kopfende eine Hartholzleiste vorgesehen werden. Sie ist 65 ... 70 cm lang und erhält zur Aufnahme der äußeren Leinen V-förmige Einschnitte an den Stirnseiten. Die Aufhängepunkte (Bäume, Pfähle) für die Hängematte sollten ca. 4 m voneinander entfernt sein. Die Befestigungsenden werden einseitig mit den Ringen verspleißt und die Tampen mit Taklings gesichert. Die fachgerechte Befestigung entnehmen Sie bitte den Bildern 25 a und 25 b.

Flechtarbeiten

Vorschlag 6

Gürtel in Flachplatting-Technik

Der hier beschriebene Gürtel in Flachplatting-Technik wirkt dekorativ und ist verhältnismäßig schnell zu flechten (Bild 26). Alle wichtigen Einzelheiten entnehmen Sie bitte dem Bild 27.

Bild 26

Material für den Gürtel in Flachplatting-Technik:

1. Ca. 12 m Hanf-Flechtleine, 3 mm ϕ, verschiedene Farben.
2. 1 Gürtelschnalle.
3. 2 Beutel Batikfarben zum Einfärben der Flechtleine.
4. Tapeziernägel oder Stahlstifte (25 mm), Lederreste, UHU-hart.
5. 1 Arbeitsunterlage (gehobeltes Weichholzbrett, ca. 120 x 14 cm, 15 mm dick).

Der Anfang der Flechtarbeit benötigt einen Aufhängepunkt. Dazu werden zwei Nägel im Abstand von 10 mm in die Arbeitsunterlage eingeschlagen.
Der nächste Schritt ist dann die Festlegung der Gürtellänge. Für einen Gürtel von einem Meter benötigen Sie bei 10 % Materialzugabe für die beiden innenlaufenden **festen** Parten ein Ende von 1,10 m + 1,10 m = 2,20 m. Diese Länge wird gemittelt, und es entsteht eine Bucht. Die Bucht klappen Sie nach oben um und hängen die dabei entstehenden Augen in die Nägel ein (27 a).

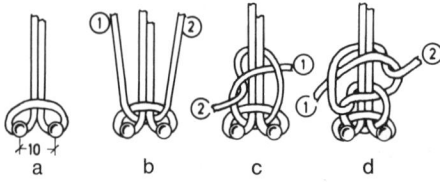

a b c d

Bild 27

Die äußeren, **losen** Parten erfordern aus dekorativen Gründen ein andersfarbiges Material. Hier ist die etwa 4½fache Materialmenge im Verhältnis zu den Innenparten erforderlich, also 2,20 m x 4,50 = 9,90 m. Dieses Ende mitteln Sie ebenfalls und ziehen einen Tampen bis zur Bucht durch die Augen der Innenparten (27 b). Mit den je 4,45 m langen Enden beginnt dann die eigentliche Flechtarbeit. Vorher müssen die innenliegenden Parten aber noch gespannt und deren Tampen auf der Arbeitsunterlage befestigt werden. Beim Flechten wird vom Körper weg gearbeitet. Der Tampen (1) der linksliegenden Part läuft zunächst nach rechts über die Mittelparten. Der Tampen (2) der rechtsliegenden Part kommt über Tampen (1) zu liegen, wird unter den Mittelparten hindurchgeführt und abschließend von unten kommend durch die Bucht von (1) nach oben durchgesteckt (27 c). Beide Tampen werden jetzt festgezogen, und es beginnt wieder mit dem Tampen (1) der nun von rechts nach links über die Mittelparten gelegt wird. Tampen (2) (links) verläuft dann zunächst über (1), dann nach rechts unter den festen Parten hindurch und schließlich wieder von unten nach oben durch die Bucht von (1) (27 d). Die Tampen (1) und (2) werden festgezogen usw. Kennzeichnen Sie zur Sicherheit den Tampen (1) und kontrollieren Sie: Der Tampen muß immer **oberhalb** der Mittelparten verlaufen!

Nachdem der Gürtel die gewünschte Länge erreicht hat, wird die Gürtelschnalle befestigt. Im Muster wurden die innenlaufenden Parten um den Steg der Schnalle herumgeführt und einfach durchgesteckt. Mit den außenliegenden Parten wurde ähnlich verfahren, sie wurden jedoch mit den Buchten der äußeren Parten verspleißt und alles abschließend mit etwas UHU-hart fixiert. Weniger aufwendig ist das Freilegen der einzelnen Garne der Flechtleine. Die Garne liegen dann auf der Rückseite des Gürtels flach auf. Sie werden von Hand oder mit der Nähmaschine mit dem Geflecht vernäht und der Abschluß mit Leder eingefaßt. Aus dem gleichen Leder werden auch noch eine oder zwei Schlaufen gefertigt.

Vorschlag 7

Gürtel in französischer Platting

Als französische Plattings werden flache Flechtarbeiten mit 4 oder 12, theoretisch jedoch einer beliebigen Anzahl von Parten bezeichnet. Im Erscheinungsbild handelt es sich um regelmäßige Flechtkonstruktionen, die in der bekannten Webtechnik entstehen. Ihr Ursprung geht auf eine ungerade Anzahl von Parten zurück. Alle hier ausgeführten Arbeiten verwenden dagegen eine gerade Partenzahl. Der Grund dafür liegt in dem einfacheren Beginn der Flechtarbeit.
Die nun beschriebene Flechtweise wirkt attraktiv durch das schräg verlaufende Muster, das allerdings erst in der fertigen Arbeit voll zur Geltung kommt – Bild 28 soll einen Eindruck davon vermitteln.

Bild 28

Material für den Gürtel in französischer Platting:

1. Ca. 12 m Hanf-Flechtleine, 3 mm ⌀, unifarben eingefärbt.
2. 1 Gürtelschnalle mit Klemmbefestigung.
3. Batikfarbe, Tapeziernägel, 2-Komponenten-Kleber (UHU-plus, Stabilit).
4. 1 Arbeitsunterlage wie Vorschlag 6 (gehobeltes Weichholzbrett ca. 120 x 14 cm, 15 mm dick).

Die Anfertigung: Schneiden Sie aus dem Materialvorrat 4 Enden von je 2,90 m und mitteln Sie die Leinen. Verfahren Sie dann entsprechend den Angaben in Bild 29. Im Abstand von 6 mm werden 4 Tapeziernägel auf der Arbeitsunterlage befestigt, die Buchten der gemittelten Leinen wie gezeichnet eingehängt und die Parten in ihrem parallelen Verlauf über die ganze Länge der Arbeitsunterlage etwas außermittig gespannt.

Nehmen Sie nun den rechts außen liegenden Tampen der Part (1) und führen Sie ihn wie angegeben horizontal nach links außen, wo er parallel zu den anderen Parten abgelegt wird. Diese Part wird vorerst nicht gespannt; erst muß die Part (2) links außen liegen. Es folgt also der Tampen der Part (2), der in gleicher Weise nach links und horizontal durchgesteckt wird. So wird auch mit Part (3) (gestrichelt) und allen anderen Parten verfahren.

Nachdem die Part (8) durchgesteckt worden ist, hat die Part (1) wieder die rechte Seite erreicht und der Vorgang wiederholt sich.

Mit der angegebenen Materialmenge entsteht schließlich ein Gürtel von ca. 1,05 m Länge. Die parallel auslaufenden Parten werden flächig mit etwas 2-Komponenten-Kleber verleimt, rechtwinklig gekappt und in der Klemmvorrichtung der Schnalle festgesetzt.

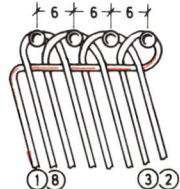 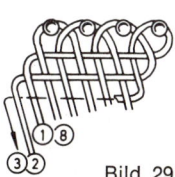

Bild 29

Vorschlag 8

Zwölfpartiger Gürtel in französischer Platting

Auf den ersten Blick erscheint das Muster des Flechtwerks kompliziert, die Technik ist jedoch einfach. Die erforderliche Fingerfertigkeit wird durch die zu erzielenden farblichen Effekte reich belohnt. Die fertige Arbeit ist auf Seite 4 abgebildet (Bild 2).

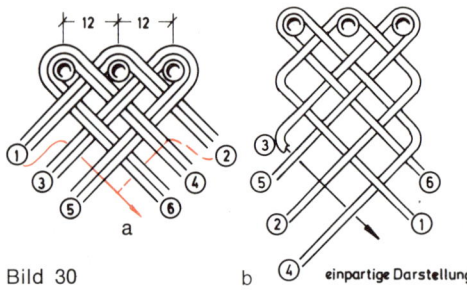

Bild 30 a b einpartige Darstellung

Material für den zwölfpartigen Gürtel:

1. Ca. 16 m Hanf-Flechtleine, 3 mm ϕ, verschiedene Farben.
2. 1 Gürtelschnalle.
3. Batikfarben, Tapeziernägel, Lederreste.
4. 1 Arbeitsunterlage (gehobeltes Weichholzbrett ca. 120 x 14 x 1,5 cm).

Beginnen Sie mit der Aufteilung des Materials. Von den 16 m Flechtleine werden 6 Enden von je 2,65 m Länge benötigt, die anschließend partieweise eingefärbt werden. Die Enden werden dann gemittelt und die Buchten nach Bild 30a in die Tapeziernägel (Abstand 12 mm) eingehängt. Die doppeltlaufenden Anfangsparten werden so miteinander verflochten, daß der Anfang der Flechtarbeit die gezeichnete Form erhält. Danach liegen links die Doppelparten (1), (3) und (5) sowie rechts die zugehörigen mit (2), (4) und (6) bezeichneten. Die linke Hand nimmt nun die ungeradzahligen und die rechte Hand die geradzahligen Parten auf.
An dieser Stelle ein Tip: Flechten Sie nicht zu straff, andernfalls würde das Flechtwerk hohl liegen!
Der Tampen der Part (1) beginnt. Er unterfährt in Richtung zur Mitte die Part (3) und verläuft dann über die Part (5). Jetzt liegen links zwei Parten und rechts vier. Führen Sie nun den Tampen der Part (2) über die Part (4), unter (6) und über (1), so daß links drei und rechts drei Parten liegen. Weiter geht es mit der Part (3). Sie unterfährt die Part (5), verläuft über (2) und wird nach rechts abgelegt. Es folgt dann die Part (4) (30 b). Das Prinzip ist einfach: Gearbeitet wird abwechselnd mit den obenliegenden rechten oder linken Parten. Mit dem angegebenen Material kann eine Gürtellänge von ca. 80 cm erreicht werden. – Der Abschluß ist abhängig von der zur Verfügung stehenden Schnalle.

Vorschlag 9

Hundeleine

Aus der Vielzahl der Flechtvariationen wurde hier die sog. gerade Rundplatting ausgewählt. Sie wirkt zweifarbig verarbeitet recht dekorativ und läßt sich im Gegensatz zu ähnlichen Techniken (Vierkant-, Spiral-, Kettenplatting) gut spleißen.

Material für die Hundeleine:

1. 7 m Hanf-Flechtleine, 3 mm ϕ, zwei verschiedene Farben, ersatzweise auch umspritzte Kunststoff-Wäscheleine, Elektro-Schaltlitze (NYAF), 1,5 ⬚) oder Lederstreifen.

2. 1 Karabinerhaken mit Wirbel.
3. 1 Schlüsselring.
4. Batikfarben.

Teilen Sie die Materialmenge so ein, daß zwei 3,50-m-Enden entstehen. Färben Sie jedes dieser Enden dann verschiedenfarbig ein. Die Rundplatting beginnt wie in Bild 32a gezeichnet. Die 3,50-m-Enden werden gemittelt und mit ihren Buchten in den Schlüsselring eingehängt. Der Schlüsselring wird an einem Aufhängepunkt befestigt. Aktiv am Flechtvorgang beteiligt sind jeweils die außenliegenden Parten. Beginnen Sie also mit der Part (1). Sie fährt hinter den mittleren Parten (2) und (3) herum, kommt über die Part (3) zurück und wird dann zwischen den Parten (2) und (3) abgelegt (32 b). Weiter geht es mit der Part (4). Sie verläuft hinter den nun mittig liegenden Parten (1) und (3), dann über (1) und kommt schließlich zwischen (1) und (3) zu liegen (32 c). In gleicher Weise fahren Sie fort: Die links außen liegende Part (2) wird hinter den Parten (1) und (4) herumgeführt und kommt über (4) zur Mitte zurück. Sie erkennen schnell, daß die jeweils außen liegenden Parten abwechselnd hinter den mittleren

Bild 31

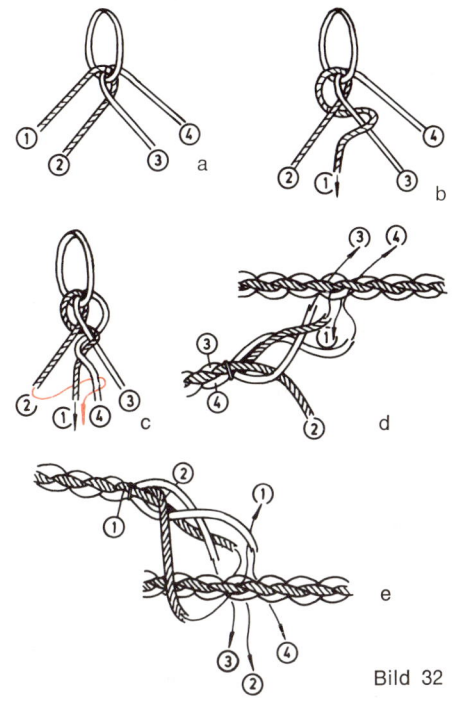

Parten herumfahren und über die zweite Mittelpart zur Mitte hin abgelegt werden. Der Flechtvorgang wiederholt sich bis zur gewünschten Gürtellänge. Mit dem Materialvorrat können etwa 1,40 m Hundeleine geflochten werden, wobei ein Rest von ca. 25 cm für den Augspleiß (Handschlaufe) zu reservieren ist.

Nun zum Spleißvorgang. Sichern Sie zunächst das Ende der Flechtleine mit einem Behelfstakling. In Bild 32 d erkennen Sie, wie die Kardeeltampen (1), (3) und (4) mit der Flechtleine zu verspleißen sind. Nach Bild 32 e wird der Spleiß dann um 180° gedreht und mit dem Tampen (2) entsprechend verfahren. Die weiteren Arbeitsgänge sind lediglich ein dreimaliges Durchstecken der Kardeeltampen parallel zu den gleichfarbigen Kardeelen des geflochtenen Materials.

Bild 32

Vorschlag 10

Schlüsselanhänger

Material

1. 2 m Hanf-Flechtleine, 3 mm ⌀, verschiedene Farben.
2. 1 Schlüsselring.
3. Batikfarben, Takelgarn 1,5 mm ⌀.

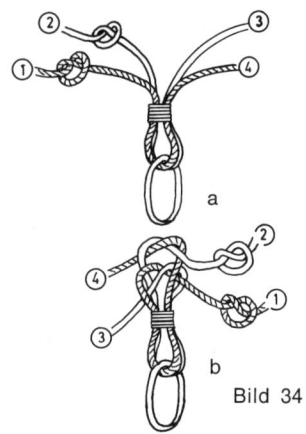

Bild 34

Teilen Sie die Materialmenge, und färben Sie die Partien verschiedenfarbig ein. Die 1-m-Enden werden dann gemittelt und durch den Schlüsselring geschert. Alle weiteren Arbeitsgänge entnehmen Sie nun der Skizze in Bild 34 a. Die Buchten werden parallellaufend zusammengefaßt, wobei durch das Abbinden mit einem Takling (Bild 8) oder einem Türkenbund (s. später) zwei Augen entstehen. Der Schlüsselring ist damit befestigt, und die Flechtarbeit kann beginnen.

Markieren Sie die Tampen der Parten (1) und (2) mit einem Knoten o. ä. Die Technik des Flechtens beruht in diesem Fall auf einer Folge von Überhand-Knoten, die abwechselnd über Kreuz — einer auf den anderen — gebunden werden. Der erste Knoten entsteht mit den Parten (1) und (3), es folgt dann der zweite mit den Parten (2) und (4) (34 b) usw. Binden Sie die Knoten immer auf die gleiche Art (Skizze), und drehen Sie die Flechtarbeit so, daß die markierten Tampen v o r dem Binden des Überhandknotens jeweils links liegen. Auf diese Weise entsteht ein symmetrisches Muster des Flechtwerks, das nach ca. 80 mm Länge ohne Schwierigkeiten in einen abschließenden doppelten Diamantknoten übergeht. Die Anfertigung dieses Nutz- und Zierknotens wird im folgenden Abschnitt eingehend beschrieben.   Bild 33

Praktische Nutz- und Zierknoten

Die Zierknoten sind ein weites Feld des Fancywork. Bekannt sind dekorative und praktische, einfache und schwierige Knoten sowie Varianten aller Art, die im Tauwerk eingebunden oder als Abschluß verwendet werden. Aus dem Angebot der „Kreuz- oder Hahnenpfoten", Taljereeps-, Pützen-, Schauermanns-, Stopper-, Fallreeps-, Diamant-, Rosen-, Sternen-, Wanten-, Linsen-, Zickzack-, Zylinder- und vielen weiteren Knoten sind hier einige ausgewählt worden, die leicht zu binden sind und sowohl praktischen als auch ästhetischen Gesichtspunkten genügen. Dazu kommt noch eine kleine Auswahl von flachen Zierknoten, die eigentlich zu den „Tressen" gehören, als Attribute der Mode aber sicher von Interesse sind.
Ein Tip zur Materialauswahl: Üben Sie die Zierknoten an lehnigem Tauwerk, wie z. B. Hanf- oder Baumwollgut.

Vorschlag 11

Rückspleiß oder spanische Takling

Der Rückspleiß ist einer der gebräuchlichsten Nutz- und Zierknoten, der häufig anstelle eines Taklings verwendet wird. Wie alle anderen Knoten die-

Bild 35

ser Art kann er in 3- oder 4schäftigem Tauwerk gebunden werden. Verfahren Sie bei der Anfertigung nach Bild 35. Die freigelegten und mit Behelfstaklingen gesicherten Kardeelen des Tampens werden zunächst zu einer „Hahnenpfote" gelegt. Dazu bilden Sie mit einer Kardeele eine waagerechte Bucht und stecken dann **entgegen** dem Uhrzeigersinn die jeweils linksliegenden Kardeelen von **oben** nach **unten** in die sich rechts bildenden Buchten. Der Behelfstakling am Tauwerk wird nun entfernt und die nach unten austretenden Kardeelen durch 2 ... 3maliges Durchstecken mit dem Tauwerk verspleißt. Die überstehenden Tampen werden gekappt. Übrigens wird die Hahnenpfote niemals allein als Knoten verwendet. Oft ist sie aber, wie auch in diesem Fall, Bestandteil eines Zierknotens. Der fertige Rückspleiß muß der Darstellung in Bild 36 entsprechen.

Bild 36

Vorschlag 12

**Taljereepsknoten,
einfach und doppelt**

Auch dieser Knoten ist vielfach ein Element der Zierknoten. Die Konstruktion des einfachen Taljereepsknotens entspricht im wesentlichen der Hahnenpfote. Wie Sie in Bild 37 a erkennen, werden lediglich die Kardeeltampen von **unten** nach **oben** durch die Buchten gesteckt.

Bild 38

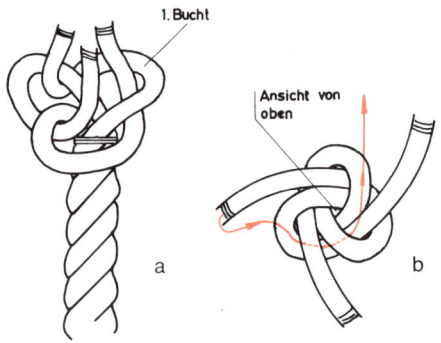

Bild 37

Der beschriebene „Taljereepsknoten am Tampen" wird oft als Pützenknoten verwendet. Die fertige Ausführung in 4schäftigem Tauwerk zeigt Ihnen Bild 38.

Beim doppelten Taljereepsknoten (37b) werden die Kardeelen noch einmal parallel und obenliegend zu den in die rechten Buchten eintretenden Parten nachgesteckt. Folgen Sie dazu der roten Linie in Pfeilrichtung, die den Pfad für die erste Kardeele markiert. Stekken Sie die restlichen Kardeelen entsprechend nach. Nach dem gleichmäßigen Zusammenziehen des Knotens treten die Kardeelen symmetrisch nach oben aus. Sie können wieder zu einem Ende zusammengedreht werden, das an der Austrittsstelle aus dem Knoten mit einem Takling zu sichern ist.

Vorschlag 13

Stopperknoten

Bild 39

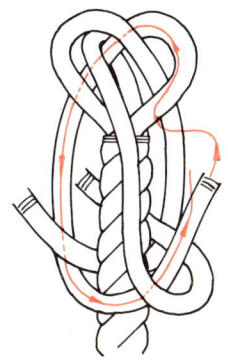

Bild 40

Bild 41

Der Stopperknoten ist die Kombination einer Hahnenpfote mit einem **darunter** liegenden doppelten Taljereepsknoten. Den Aufbau entnehmen Sie bitte Bild 40. Folgen Sie auch hier bei der Verdopplung der roten Linie und verfahren Sie mit den restlichen Kardeelen sinngemäß. Verwendet wird dieser Knoten überall dort, wo das Ausscheren von Tauwerk aus einem Block oder einer Klüse verhindert werden soll. Diesen Knoten in 4schäftigem Tauwerk zeigt Ihnen Bild 39.

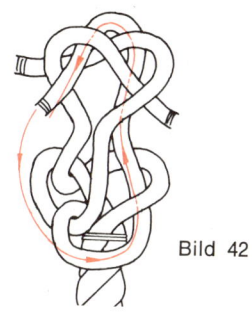

Bild 42

Vorschlag 15

Diamantknoten

Vorschlag 14

Fallreepsknoten

Bild 43

Der Fallreepsknoten ist die Umkehrung des Stopperknotens. Der „Unterbau" ein einfacher Taljereepsknoten. Auf diesen wird eine Hahnenpfote aufgesetzt (42) und die Parten noch einmal im Verlauf der roten Linie rechtsseitig nachgesteckt. Der Name des Knotens deutet bereits auf die Verwendung hin. So bildet dieser Knoten einen dekorativen Abschluß an Tauenden, die als „Handlauf" z. B. am Fallreep von Schiffen benutzt werden. Einen fertigen Fallreepsknoten in 4schäftigem Tauwerk zeigt Ihnen Bild 41.

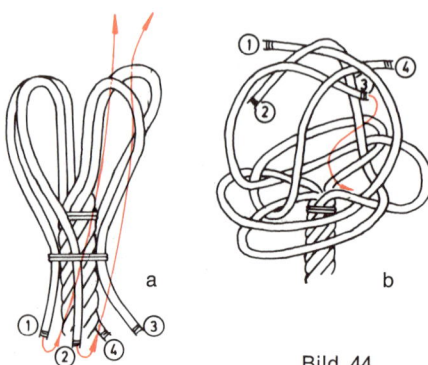

Bild 44

Die Konstruktion weicht auf den ersten Blick von den bisherigen Modellen etwas ab, wenn auch hier nur die beschriebenen Elemente zur Anwendung kommen. Die Kardeelen werden freigelegt, gesichert und entsprechend Bild 44 a senkrechte Buchten gebildet. Es empfiehlt sich, auch diese Buchten kurzzeitig am Tauwerk zu sichern.

Der Kardeeltampen (1) fährt über die rechtsliegende Part (2) hinweg durch die Bucht der Kardeele (3). Und so geht es **entgegen** dem Uhrzeigersinn weiter: Der Tampen (2) fährt über (3), durch die Bucht von (4) usw. Es ergibt sich bei richtiger Arbeitsweise ein symmetrischer Knotenaufbau. Beim Durchholen der Kardeeltampen wird der entstehende Knoten etwas nach oben umgestülpt. Auf diesen unteren Knoten kommt jetzt noch eine Hahnenpfote, womit der **einfache** Diamantknoten abgeschlossen wird.

Beim **doppelten** Diamantknoten werden die Kardeeltampen noch einmal parallel und rechtsseitig nachgesteckt. Die rote Linie in Bild 44 b deutet für eine Kardeele den Weg für die Verdopplung an. Bei richtigem Knotenaufbau liegen die Parten der Hahnenpfote über den zugehörigen aus dem Ende austretenden Kardeelen. Achten Sie beim Verdoppeln darauf, daß sich die Kardeeltampen nicht mit den bereits liegenden Parten kreuzen! Zum Schluß werden die herausstehenden Tampen gekappt und ggf. im Knoten versteckt.

Der Diamantknoten, in Bild 43 in 4-schäftigem Tauwerk, ist ein gerne benutzter dekorativer Nutz- und Zierknoten mit ähnlicher Funktion wie der Stopperknoten.

Vorschlag 16

Tressen

Tressen als schmückendes Element an Uniformen, Trachten und Livreen prägten das Bild der Kleidung vergangener Epochen. Stark vereinfacht haben sie sich bis heute als Rangabzeichen bei der Militärbekleidung erhalten. Zivil sind sie als modische Applikation geschätzt, sei es zur Verzierung von Pyjamas, Hausjacken, Dufflecoats, Matrosenanzügen usw.

Bei den Tressen gibt es einfache und komplizierte Gebilde, die oft aus den bekannten Zierknotenfiguren abgeleitet sind. Maritimen skandinavischen Vorbildern entnommen ist die Ärmelverzierung für eine Hausjacke oder Yachtuniform (45 a). Ähnlich (45 b) lassen sich die Ärmel auch mit dem sog. „dreiblättrigen Kleeblatt" verzieren. Das Material ist jeweils flache Gold- oder Silberlitze. In Bild 46 a erkennen Sie den Verschluß für einen Dufflecoat. Die Bilder 46 b ... d enthalten weitere Zierelemente (Brezelknoten, Türkenbund — zweipartig mit 3 Buchten, Türkenbund — dreipartig mit 5 Buchten). Das Gebiet der Tressen ist so umfangreich, daß die hier gezeigten Beispiele mehr als Anregung zu verstehen sind.

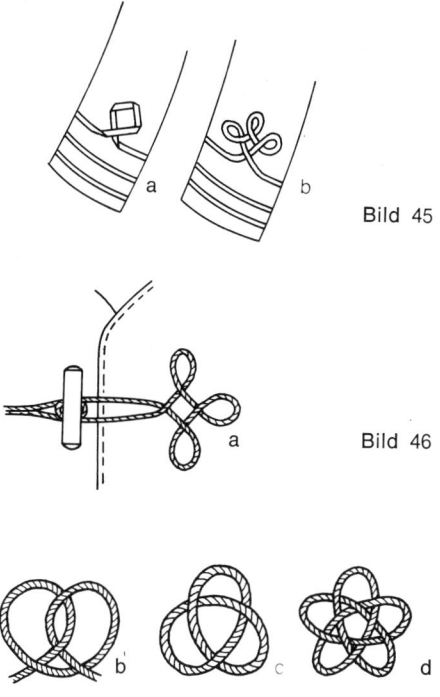

Bild 45

Bild 46

elemente an Tauwerk, Stützen, Wurfleinen u. dgl. verwendet. Darüberhinaus ergibt sich eine Reihe weiterer Möglichkeiten, denn die Konstruktion des Knotens erlaubt das Legen in runder oder quadratischer Rosettenform, aber auch als Halbkugel oder Kugel. Die Einteilung der Türkenbunde erfolgt nach der Anzahl der vollständigen Rundtörns (auch als Parten bezeichnet), die im Knoten enthalten sind. Der Standardknoten ist z. B. der dreipartige Bund, daneben gibt es aber auch vier-, sechs- und achtpartige Bunde neben fünf-, sieben- und neunpartigen. Dazu kommen vielfache und irreguläre (ungleichmäßige) Knoten und zusätzlich die Klassifizierung nach Buchten. Die Buchten kennzeichnen die Anzahl der „Ecken" der Flechtarbeit. Damit nicht genug: Üblicherweise werden die Rundtörns entlang ihrer Parten verdoppelt, verdreifacht oder vervielfacht. Türkische Bunde werden von Seeleuten im allgemeinen in der Hand gelegt. Die folgenden Beispiele verwenden Arbeitshilfen, die weniger Übung voraussetzen.

Türkische Bunde

Bild 47

Türkische Bunde, auch als Türkenbunde bezeichnet, zählen ebenfalls zu den Zierknoten. Sie gehören wegen ihrer Variationsmöglichkeiten zu den am meisten benutzten Zierelementen. Im Gegensatz zu den bereits besprochenen Knoten ist die Grundkonstruktion ringförmig und mit nur **einem** Faden geflochten. Das Erscheinungsbild entspricht bei zylinderförmigen Türkenbunden der Platting mit mehreren Parten.
An Bord von Schiffen werden Türkenbunde als dekorative Nutz- und Zier-

Vorschlag 17

Topfuntersetzer
(dreipartiger türkischer Bund mit 4 Buchten)

Dieser türkische Bund ist mit wenig Aufwand anzufertigen und wirkt als Tischschmuck recht dekorativ (Bild 47).

Material für den Topfuntersetzer:
1. 4,50 m Sisal-Kleintauwerk, geschlagen, 3schäftig, $1/4'' = 6$ mm $\emptyset$, ersatzweise Sisal-Flechtleine, 6 mm $\emptyset$, 8fach, im Handel auch als Wäscheleine.
2. Tapeziernägel, UHU-plus, Vorlage nach Bild 48 a, Arbeitsunterlage.

Übertragen Sie die Teilkreis-Maßangaben (in mm) aus Bild 48 a auf ein Stück Papier, und markieren Sie wie in der Vorlage die mit schwarzen Punkten bezeichneten Orte. Das Papier wird nun auf einer hölzernen Arbeitsunterlage befestigt und in die bezeichneten Punkte (mit Ausnahme von Punkt „A") je ein Tapeziernagel eingeschlagen.

Der Tampen des 4,50-m-Endes wird mit einem Takling oder Gewebeband gesichert und mit einem Nagel im Punkt A befestigt. Mit dem noch freien, sog. Arbeitstampen beginnt nun der Flechtvorgang **entgegen** dem Uhrzeigersinn.

Verfahren Sie jetzt entsprechend Bild 48 b, und legen Sie wie skizziert den ersten Rundtörn. Die Nägel dienen als Führung und markieren die Pfade, auf denen die Parten verlaufen müssen. Neben dem Befestigungspunkt A beginnt dann die zweite gestrichelte Part (Bild 48 c), die **unter** dem Tampen A liegt und im weiteren Verlauf die bereits gelegte erste Part immer **unterhalb** kreuzt. Das gilt auch für den Kreuzungspunkt mit der eigenen Part, die mit dem zweiten Rundtörn abschließt. Es beginnt nun die dritte gepunktete Part (Bild 48 d), die **über** der ersten, **unter** der zweiten, wieder **über** der ersten usw. wechselnd verläuft. Der Endpunkt der dritten Part liegt schließlich wieder parallel zum Anfang. Hier beginnt auch die Vervielfachung. Insgesamt wird noch dreimal parallel zu den bereits liegenden Parten nachgesteckt.

Der fertige Untersetzer wird vom Nagelbrett genommen, der Arbeitstampen mit einem Takling gesichert und der überstehende Rest gekappt. Zweckmäßig werden die Tampen abschließend mit etwas UHU-plus festgelegt.

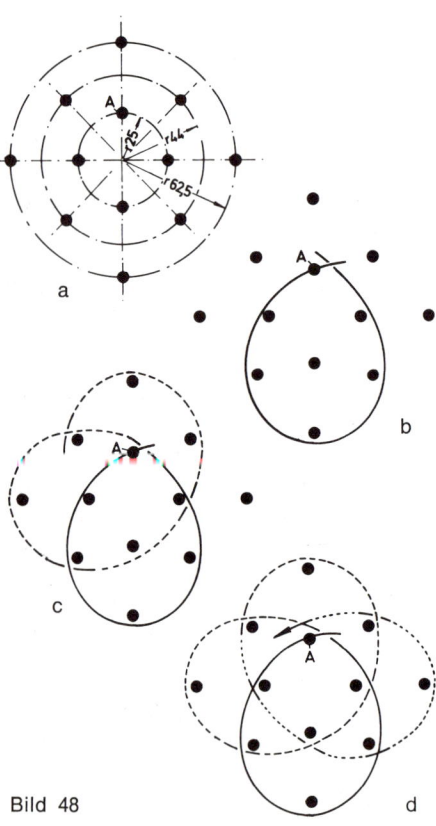

Bild 48

Vorschlag 18

Flaschen- oder Glasuntersetzer
(dreipartiger türkischer Bund
mit 8 Buchten)

Aus der Vielfalt der möglichen Formen des Türkenbundes wurde hier die Rosettenform gewählt. Dieser flache Bund kann als Untersetzer für Flaschen, Gläser, Blumentöpfe usw. verwendet werden. Entsprechend vergrößert wird er auch für Schüsseln, Töpfe u. dgl. benutzt.
Zur Herstellung des Knotens ist jedes Kleintauwerk geeignet, wenn sich auch am leichtesten Baumwoll- oder Hanfflechtleine verarbeitet.

Material für den Flaschen- und Glasuntersetzer:
1. 2,25 m Hanf-Flechtleine, 3 mm ⌀, gefärbt.
2. Tapeziernägel, UHU-plus, Vorlage (1:1) nach Bild 49, Arbeitsunterlage, Batikfarbe.

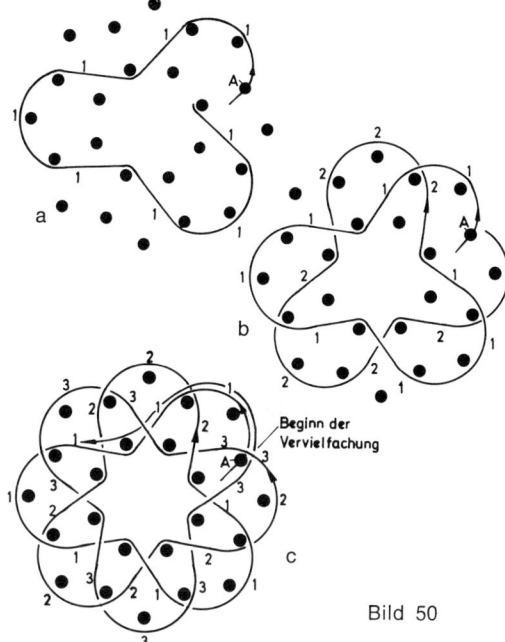

Bild 50

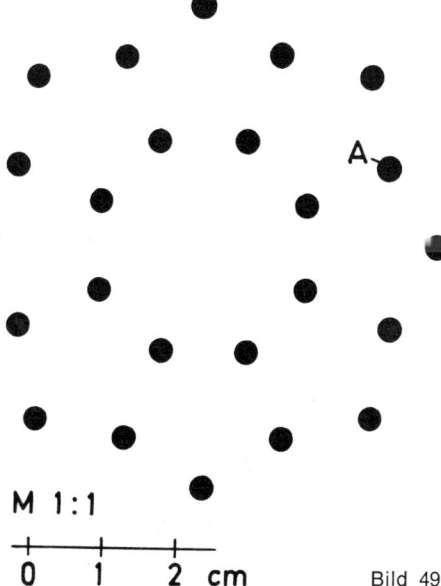

M 1:1

0   1   2 cm   Bild 49

Übertragen Sie zunächst die 24 Punkte aus Bild 49 auf Transparentpapier und befestigen Sie diese Vorlage auf der Arbeitsunterlage (Holzbrett, Korkplatte). Die Punkte kennzeichnen die Stellen, in die jetzt 23 Tapeziernägel eingeschlagen werden. Sichern Sie den Anfangstampen der Flechtarbeit mit einem Takling, und nageln Sie ihn an der mit „A" bezeichneten Stelle fest. Die Flechtleine wird jetzt in der **ersten** Part und in den folgenden Parten entlang den bezeichneten Pfaden gelegt und folgt dabei **entgegen** dem Uhrzeigersinn der mit (1) bezeichneten Linie (Bild 50 a). Wieder in die Nähe des Ausgangspunktes gelangt, beginnt die **zweite** Part (Bild 50 b), deren Verlauf mit (2) markiert ist. Es ist zu beachten, daß die zweite Part bei allen Kreuzungspunkten **unter** der bereits vorhandenen ersten Part liegt. An den Ausgangspunkt zurückgekehrt folgt nun die dritte Part (Bild 50 c), die mit (3) gekennzeichnet ist. Sie kreuzt bei A

Vorschlag 19

Serviettenring
(dreipartiger türkischer Bund mit 5 Buchten)

Im nun folgenden Beispiel wird der türkische Bund zylinderförmig um ein Rohr gelegt.

Material für den Serviettenring:
1. ca. 1,50 m Hanf-Flechtleine, 3 mm ⌀, gefärbt oder rohweiß.
2. Kunstharz-Klarlack (Bootslack), hochglänzend, Batikfarbe.
3. 1 Kunststoffrohr oder Rundholz, 40 mm ⌀, ca. 300 mm lang.

Bild 52

Bild 51

die erste Part **oberhalb**, die zweite **unterhalb**, die erste wieder **oberhalb** usw. wechselnd. Haben Sie alles richtig gemacht, dann endet die dritte Part am Anfangspunkt und liegt parallel zu diesem. Jetzt beginnt die Vervielfachung. Die Flechtleine folgt noch dreimal den bereits liegenden Parten und endet wieder parallel zu A. Zu beachten ist, daß Sie — wie angedeutet — bei der Vervielfachung **hinter** den innenliegenden Nägeln verläuft und angedrückt wird. Hierfür, wie auch zum Durchziehen des Arbeitstampens, hat sich eine stabile Pinzette bewährt.

Die Nägel werden entfernt und die Flechtarbeit, wie in Vorschlag 17 beschrieben, abgeschlossen. Die Oberseite hat dann das Aussehen eines endlosen Bundes (Bild 51).

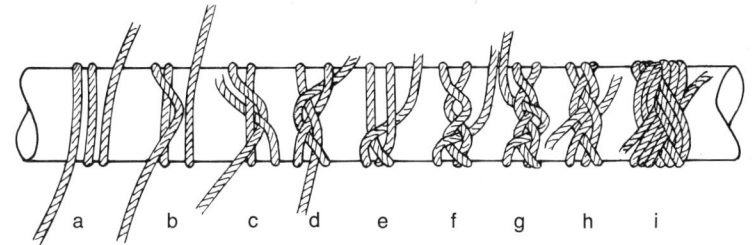

a   b   c   d   e   f   g   h   i   Bild 53

Die Entstehung des Knotens können Sie aus Bild 53 entnehmen. Legen Sie also zunächst zwei Rundtörns um das Kunststoffrohr (Bild 53 a), und zwar so, daß der linke Tampen noch ca. 10 cm übersteht. Das längere rechte Ende wird zum Arbeitstampen. Mit dem linken, kurzen Tampen legen Sie nun eine Bucht auf die mittlere Part des ersten Rundtörns (Bild 53 b) und schieben dann den Arbeitstampen von rechts nach links über die Bucht und unter die darunterliegende Part hindurch (Bild 53 c). Das Rohr wird jetzt zum Körper hin gedreht und der Arbeitstampen von links nach rechts über die Anfangspart und unter die Part des zweiten Rundtörns gefahren (Bild 53 d). Durch weiteres Drehen im gleichen Sinn erscheinen jetzt zwei parallellaufende Parten (Bild 53 e). Die linke Part wird nun über die rechte geschoben (Bild 53 f). Der Arbeitstampen fährt dann von rechts nach links über die rechte Part und unter der linken hindurch (Bild 53 g). Ein nochmaliges Drehen und einmaliges Durchstecken von links nach rechts führt den Arbeitstampen wieder zum Anfang zurück (Bild 53 h). Rechtsliegend vom Anfang beginnt dann die Vervielfachung, wobei insgesamt noch zweimal parallel zu den liegenden Parten und über den ganzen Umfang nachgesteckt wird. Der Abschluß entspricht dann Bild 53 i. Achten Sie darauf, daß beim Beginn der Vervielfachung genug „Lose" vorhanden ist, andernfalls ergeben sich Schwierigkeiten beim weiteren Durchstecken.

Nach dem Kappen der überstehenden Tampen wird der Serviettenring satt mit Bootslack bestrichen. Er wird durch diese Behandlung formstabil, kann einen Tag darauf vom Rohr genommen werden und hat dann das Aussehen wie in Bild 52 gezeigt.

Vorschlag 20

Wurfleinenknoten als Schlüsselanhänger

Dieser kugelförmige Knoten (englisch „Monkey's Fist" = Affenfaust) hat das Aussehen eines Türkenbundes, wenn er auch nicht zu dieser Kategorie gehört. Das Grundprinzip sind drei in sich verschlungene Ringe, die um einen kugelförmigen Gegenstand (Glasmurmel, Plastikkugel o. ä.) gelegt werden und diesen allseitig umschließen. Im allgemeinen wird der Knoten dreifach gebunden, d. h. das Material liegt in drei parallelen Parten.

Praktisch verwendet wird dieser Knoten als Wurfleinenknoten. Im folgenden Beispiel ist er vierfach gebunden und Bestandteil eines Schlüsselanhängers. An Material benötigen Sie geschlagenes oder geflochtenes 6-mm-Kleintauwerk. Kleinere Knoten (z. B. für Autoschlüssel) werden aus dünnerer Flechtleine oder Fischleine angefertigt.

Material für den Wurfleinenknoten:
1. 1,50 m Sisal-Flechtleine, 6 mm ⌀, 8fach.
2. 1 Glasmurmel, ca. 25 mm ⌀.
3. 1 Schlüsselring.

Die Anfertigung des Knotens ist nach mehreren Verfahren möglich. Als vorteilhaft hat sich das Binden „aus der Hand" erwiesen, wie es auch aus der Seefahrt überliefert ist. Legen Sie dazu — wie in Bild 55a gezeigt — vier Rundtörns um Zeige-, Mittel- und Ringfinger der linken Hand. Diese Törns werden nun zwischen Daumen und Zeigefinger gehalten (Bild 55b) und — um 90° versetzt — über die bereits liegenden ersten Parten vier weitere Rundtörns gelegt. Der Anfang der dritten Lage ist oben in Bild 55b bereits angedeutet. In Bild 55c ist der erste Rundtörn ausgeführt, dem noch drei weitere folgen müssen. Die gepunkteten Linien und Pfeile lassen die Technik klar erkennen. In den fertigen Knoten wird eine Glaskugel eingebracht und — beginnend vom Ausgangspunkt — Part für Part über den ganzen Umfang fest

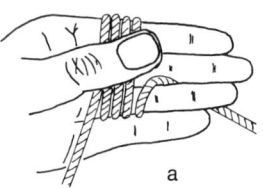

a

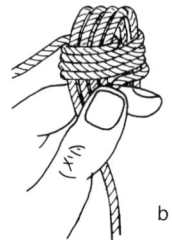

b

c

Bild 54

d   Bild 55

nachgezogen, so daß die Kugel gleichmäßig umschlossen wird. Der Anfangstampen des Knotens wird dicht an den Parten gekappt. Der Arbeitstampen wird zu einer Bucht geformt, mit ein paar Stichen vernäht und entsprechend Bild 55d unter die Parten gezogen. Das so gebildete Auge dient zur Aufnahme des Schlüsselringes, wie es auch im ausgeführten Beispiel (Bild 54) zu erkennen ist.

Das Umwickeln von Gegenständen

Ein ähnlich umfangreiches Gebiet wie die Flechtarbeiten (Plattings) ist das Umwickeln von Gegenständen, das im Skandinavischen auch als „Katning" bezeichnet wird. Die Benennung der Arbeiten deutet bereits auf die verwendeten Techniken hin. So wird z. B. zwischen Halbschlag- und Rundtörnkatning, Kronkatning, Svendborg-, Kreuz- und gewebter Kating, dem „Schweinerücken" u. a. m. unterschieden.
Die Seefahrt nutzt die Katningarbeiten vor allem aus praktischen Erwägungen. Zum Schutz vor Hitze oder Kälte werden Griffe, Rohre, Handräder u. dgl. umwickelt. Als Material wird Fischleine oder Garn verwendet, das ein- oder mehrpartig verarbeitet wird.
Um es vorweg zu sagen: Die einpartige Verarbeitung ist wesentlich einfacher in der Herstellung, dafür aber auch nicht so dekorativ wie mehrpartige Arbeiten.
Die hier gezeigten Beispiele sind leicht anzufertigen und wirken durch ihre schlichte regelmäßige Musterung. Als Material wird einheitlich sog. „Bindfaden für Postpakete bis 15 kg" aus PP verwendet, wie er geschlagen und 2fach verarbeitet in vielen Farben angeboten wird. Gleichgut geeignet ist dünne 2-mm-Baumwoll-Flechtleine.

Material für die Saftasche:
1. 1 Limonadenflasche
2. 15 m Bindfaden

Legen Sie zunächst ein Behelfsauge und stecken Sie den Tampen dreimal durch (Bild 57a). Führen Sie nun den Arbeitstampen durch das Auge. Es entsteht eine laufende Schlinge, die um die Flasche gelegt, festgezogen und mit einem halben Schlag (Bild 57b) gesichert wird. Der Anfang der Katningarbeit liegt damit fest und gilt ähnlich auch für die folgenden Beispiele.

Bild 56

Vorschlag 21

Saftflasche

Eine Limonadenasche wird mit einer farbigen Rundtörnkatning versehen und kann damit in das Tisch- oder Campinggeschirr eingeordnet werden.

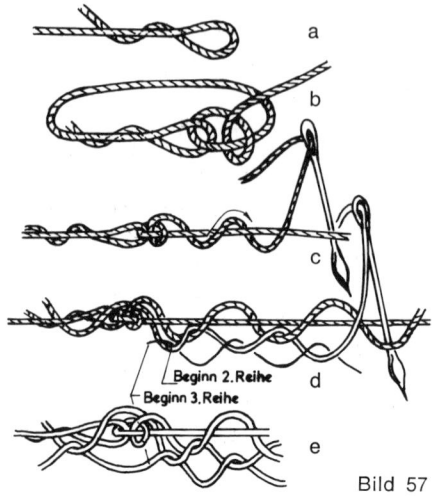

Bild 57

der zweiten Reihe beginnt die dritte sinngemäß, deren Anfang in Bild 57 e nochmals herausgezeichnet ist. Die weitere Arbeit ist dann bereits Routine. Nachdem die ersten 5 m Garn verarbeitet sind, wird das zweite, andersfarbige Ende mit einem Kreuzknoten angesteckt und nach dieser Länge der letzte Teil der Arbeit begonnen. Das Arbeiten des Bodens erfordert keine spezielle Technik. Durch den kleiner werdenden Durchmesser liegen die Rundtörns dichter zusammen. Der restliche Tampen wird mit zwei halben Schlägen festgelegt und alle Knoten durch kurzzeitiges Anschmelzen mit der Flamme eines Gasfeuerzeuges fixiert.

Gearbeitet wird **entgegen** dem Uhrzeigersinn, obwohl es auch andersherum möglich ist.
Ein Tip: Verarbeiten Sie keine Enden von mehr als 5 m Länge. Sie ersparen sich dadurch sog. Kinken und damit verbundenen Ärger und Verdruß!
Die hier verwendete Rundtörnkatning ist die einfachste der Katning-Techniken.
Verfahren Sie nach Bild 57 c und legen Sie um die festliegende Anfangsschlinge (auch als „Reihgarn" bezeichnet) über den ganzen Umfang Rundtörns, die zum Einhängen der nächsten Maschenreihe nach unten etwas Lose haben sollten. Eine kleine Sacknadel erleichtert die Arbeit wesentlich. Im Beispiel (Bild 56) wurden 9 Rundtörns aufgebracht. Den kritischen Übergang von der ersten Reihe zur zweiten sehen Sie in Bild 57 d. Von links kommt die Part des letzten Rundtörns in der ersten Reihe; sie endet hinter dem halben Schlag des Reihgarns und wird dann durch die unteren Buchten des 1., 2., 3. und der folgenden Rundtörns der ersten Reihe hindurchgesteckt. Nach

Vorschlag 22

Manschette für ein Trinkglas

Die hier gewählte Technik baut auf einer Folge von „offenen halben Schlägen" auf. Durch die ungerade Anzahl von Halbschlägen in der ersten Reihe erscheinen die zweite und die folgenden Reihen jeweils um eine „Masche" versetzt, wodurch sich eine interessante Schrägrasterung ergibt.

Material für die Manschette des Trinkglases:
1. 1 Trinkglas (Höhe 100 mm, ⌀ außen 55 mm)
2. ca. 10 m Bindfaden

Der Anfang ist auch hier das Behelfsauge und die laufende Schlinge. Sie wird festgezogen und mit einem halben Schlag (Bild 58 a) ähnlich wie bei Vorschlag 21 gesichert. Die Arbeitspart

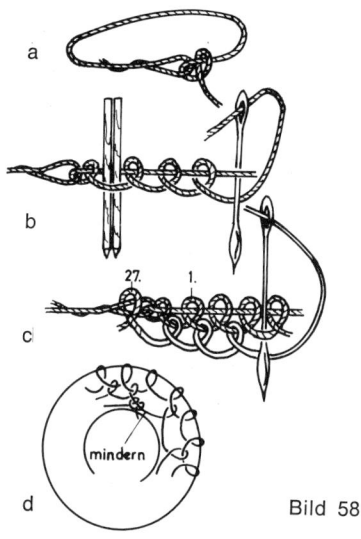

Bild 58

5-m-Ende verarbeitet, wird neues Material mit einem Kreuzknoten angesteckt. Im Bereich des Bodens liegen die halben Schläge dicht zusammen. Um den Durchmesser verkleinern zu können, muß die Technik des „Mindern" angewendet werden. Das geschieht in diesem Fall entsprechend Bild 58 d dadurch, daß die letzte Reihe nur noch in jede zweite Masche eingehängt wird und der restliche Tampen abschließend mit zwei halben Schlägen gesichert wird. Die Fixierung des Knotens erfolgt wie im Vorschlag 21 beschrieben; die fertige Arbeit zeigt Bild 59.

Bild 59

tritt in diesem Fall nach unten aus dem Knoten aus. Es folgt dann entgegen dem Uhrzeigersinn und über den ganzen Umfang verteilt eine Folge von offenen halben Schlägen, wobei darauf zu achten ist, daß die Abstände zwischen den „Maschen" gleich sind. Sie erreichen das durch Streichhölzer oder andere Distanzstücke, die mit dem Beginn der zweiten Reihe wieder entfernt werden. Weiter ist darauf zu achten, daß die Anzahl der halben Schläge un**gerade** ist (der erste zur Befestigung der laufenden Schlinge zählt nicht mit!). Im Beispiel wurden 27 Halbschläge aufgebracht. Bild 58 b zeigt Ihnen die Einzelheiten.

Nach dem 27. halben Schlag beginnt die zweite Reihe, wie in Bild 58 c dargestellt. Wie bei der Rundtörnkatning wird die zweite Reihe in die Maschen der ersten eingehängt. Die weiteren Reihen ergeben sich nach diesem Prinzip ohne Schwierigkeiten. Ist das erste

Vorschlag 23

Salzfäßchen

Neben der offenen Halbschlagkatning ist auch die geschlossene Form bekannt, wie sie in diesem Beispiel zur Anwendung kommt. Es ergibt sich ein Muster, das in der Struktur an ein Strickmuster erinnert (Bild 60). Übrigens ist es nicht ganz einfach, diese Arbeit völlig symmetrisch auszuführen.

Bild 61

Die erste Reihe ist mit Bild 58b identisch. Es ist dabei gleich, ob die Anzahl der über den Umfang verteilten Schläge gerad- oder ungeradzahlig ist. Im Beispiel sind es (mit dem Befestigungsschlag für die laufende Schlinge) 17 halbe Schläge.
Den Beginn der zweiten Reihe und damit der geschlossenen halben Schläge zeigt Ihnen Bild 61. Der Boden wird wie in Vorschlag 22 beschrieben abgeschlossen. Auch hier wird das Mindern angewandt, wobei durch zweimaliges Mindern über den ganzen Umfang alle Maschen der vorletzten Reihe erfaßt werden können.

Vorschlag 24

Gewürzdose

Hier kommt die Webtechnik zur Anwendung, die als Katningarbeit ebenfalls dekorativ wirkt.

Material für die Gewürzdose:
1. 1 Steingut- oder Porzellankruke mit Korken.
2. Bindfaden wie Vorschlag 21, Länge entsprechend der Gefäßgröße.
3. NYA-Schaltdraht, 1,5 ⌀.

Die Webkatning erfordert eine solide Grundkonstruktion, wie sie an der Oberkante durch die doppelte Verarbeitung des Reihgarnes erzielt wird.
Nehmen Sie ein Ende Garn und bilden Sie eine unsymmetrische Bucht, deren kürzerer Part etwas länger als der Umfang des zu umwickelnden Gegenstandes ist. Aus der Bucht und den beiden Parten wird nun eine laufende Schlin-

Bild 60

Material für das Salzfäßchen:
1. 1 Medikamentenglas
2. Bindfaden wie Vorschlag 21, Länge entsprechend der Gefäßgröße.

Der Anfang entspricht der Darstellung in Bild 58a. Eine Symmetrie der ersten Reihe wird auch hier durch zwischengelegte Holzstäbchen erreicht.

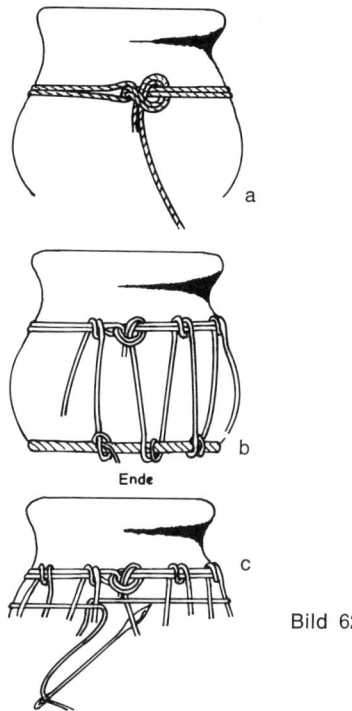

Bild 62

Bild 63

ge, die fest um den Gegenstand gelegt und mit einem halben Schlag gesichert wird (Bild 62 a). Die überstehende kürzere Part wird gekappt und mit der längeren das Gerüst der Kettfäden gebildet.

Vorher muß jedoch noch der „Unterbau" vorbereitet werden. Nehmen Sie dazu ein Stück NYA-Schaltdraht, entfernen Sie an jedem Ende von der Isolation ca. 10 mm und löten Sie die Enden so zusammen, daß ein stabiler Ring entsteht. Der Durchmesser des Ringes muß etwas kleiner als der Fuß der Kruke sein. Der Ring wird anschließend über den ganzen Umfang mit einer Lage Garn umwickelt und die Tampen unter den bereits liegenden Windungen versteckt. Befestigen Sie nun den Ring zentrisch am Boden, indem Sie vorübergehend im Winkel von 90° Tesafilmstreifen aufkleben.

Mit der überstehenden Part des oberen Reihgarnes wird dann der Kettfaden zickzackförmig und gleichmäßig über den ganzen Umfang verteilt (Bild 62 b), der restliche Tampen am unteren Ring festgelegt und das überstehende Gut gekappt. Es ist dabei darauf zu achten, daß die Anzahl der Kettfäden ungeradzahlig werden muß, im Beispiel sind es 21 Fäden.

Den Webvorgang beginnen Sie entgegen dem Uhrzeigersinn nach Bild 62 c. Dabei wird der Anfangstampen des ersten Endes wie gezeichnet unter einen Kettfaden geklemmt und der Arbeitstampen über den Umfang abwechselnd über und unter den Kettfäden hinweggeführt. Nach dem ersten Umlauf beginnt der zweite wie angedeutet. Ist das erste Ende Garn verarbeitet, so läßt sich das folgende ohne Knoten fast unsichtbar einweben, was auch für das Verstecken des Tampens beim Abschluß der Arbeit gilt. Die fertige Arbeit zeigt Ihnen Bild 63.

Vorschlag 25

Gardinenring

Kunststoff-Gardinenringe wirken durch Umwickeln attraktiver. Die technischen Möglichkeiten sind dafür so vielfältig, daß hier nur die einfachste Art der Anfertigung berücksichtigt ist. Die Methode wird als „Schweinerücken" bezeichnet und ist aus dem seemännischen Sprachgebrauch überliefert. Grundsätzlich kann mit einer oder mehreren Parten gearbeitet werden, in diesem Beispiel wird nur eine Part benötigt.

Bild 65

Material für den Gardinenring:
1. 1 Gardinenring aus Kunststoff
2. Bindfaden wie Vorschlag 21, Materialmenge nach Ringgröße.

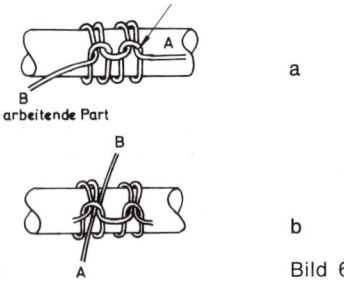

Bild 64

Beginnen Sie wie in Bild 64a und legen Sie einen Rundtörn, der sich selbst beknelft. Das geschieht wie folgt: Der Anfangstampen A wird mit dem Daumen der rechten Hand festgehalten. Mit dem Tampen B der arbeitenden Part wird dann ein Rundtörn im Uhrzeigersinn beschrieben, der Arbeitstampen unter A hindurchgesteckt und das Ganze festgezogen. Die nächste Phase ist die Umkehrung: Der Daumen bekneift nun die mit einem Pfeil bezeichnete Stelle, der zweite Rundtörn wird entgegen dem Uhrzeigersinn gelegt und der Arbeitstampen in Richtung zum Körper durchgesteckt. Auf diese Weise entsteht nach sinngemäßer Wiederholung das in der Skizze gezeigte charakteristische Muster. Der endlose Abschluß des Schweinerückens ist in Bild 64b dargestellt. Die überstehenden Tampen werden dicht am Ring gekappt und ggf. mit der Flamme fixiert. Gardinenringe mit einem Muster nach der beschriebenen Methode zeigt Ihnen Bild 65.

Matten

Matten gehören zum festen Bestandteil des Fancywork. Ihre universelle Verwendbarkeit als Tischdekoration, Topfuntersetzer, Sitzunterlage, Fußmatte für Deck, Landgang (Gangway) und Treppenstufen und „en miniature" als zierendes Element auf Kleidungsstücken hat phantasievolle Gemüter vieler Nationen nicht ruhen lassen, immer neue Muster zu ersinnen. So gibt es gewebte, geflochtene und genähte Matten neben solchen, die die zweidimensionale Form von Zierknoten darstellen. Einige Bezeichnungen können hier die Gattungen und Abarten nur andeuten: Englische, Französische, Flämische, Spanische, Schwertmatte usw.
Die Matten werden mit einer oder mehreren Parten gearbeitet. In den folgenden Beispielen wird die einpartige Ausführung gewählt, deren Muster so angelegt ist, daß der Tampen der Arbeitspart vor dem Beginn der Vervielfachung wieder zum Anfang zurückkommt.
Als Material für feine Tischmatten und Zierelemente wird die leicht zu verarbeitende Baumwoll- oder Hanf-Flechtleine in **einer** Länge verwendet. Sie erinnern sich: Flechttauwerk läßt sich nur in Ausnahmefällen spleißen!
Für Fußmatten eignet sich am besten geschlagenes Kokostauwerk, das den Schmutz nicht annimmt und feuchtigkeitsunempfindlich ist. Es wirkt allerdings wenig ansehnlich. Dekorativer und auch für gröbere Tischmatten geeignet ist Binsentauwerk (nicht sehr widerstandsfähig), wenn nicht das preiswerte Sisal oder etwas teurere Manilagut vorgezogen wird.
Zum Arbeiten der Matten benötigen Sie eine hölzerne oder Korkunterlage in passender Größe (ca. 75 x 35 cm).

Anhand der vorgegebenen Muster werden vergrößerte Gitterraster gezeichnet, die Pfade für die arbeitende Part übertragen und als Symmetriehilfe Nägel auf der Arbeitsunterlage vorgesehen.
Hier noch einige Tips, die das Arbeiten der Matten erleichtern:
Grundsätzlich können auch Enden von mehr als 5 m Länge verarbeitet werden. Sie ersparen sich damit evtl. notwendig werdende Langspleiße. Vorteilhaft mitteln Sie also die gesamte Länge und beginnen den ersten Teil der Matte mit der einen Hälfte, den zweiten mit der anderen usw. wechselnd.
Führen Sie die jeweils arbeitende Part immer nur über kurze Strecken über bzw. unter den bereits liegenden Parten hindurch. Sie vermeiden damit Kinken, die auftreten, wenn zuviel Kraft auf die arbeitende Part zu stehen kommt.
Bei dem Vervielfachen der Parten hat es sich bewährt, die ersten 2 ... 3 parallellaufenden Parten mit Nägeln, Draht oder Wäscheklammern zu sichern. Auf diese Weise entsteht bereits ein symmetrischer „Unterbau". Die Hilfsmittel können dann entfernt und das restliche Material nachgesteckt werden. Sollte das Material einmal zu kurz geraten sein, so kann es mit einem Langspleiß und neuem Gut verlängert werden. Der Langspleiß trägt nicht auf, so daß bei guter Arbeit der Übergang nicht zu erkennen ist.

Vorschlag 26

Flämische Matte

Die einfachste Form einer Tischmatte dürfte die hier beschriebene Flämische Matte sein. Das Tauwerk wird dabei von innen heraus spiralförmig zu einer Fläche gelegt, die durch weitere Törns beliebig vergrößert werden kann.

Material für die Flämische Matte:
1. 4 m Manila-Tauwerk, geschlagen, 3-schäftig, 10 mm ⌀.
2. Terylene-Takelgarn, gewachst, 1,5 mm ⌀.
3. Arbeitsunterlage, Tapeziernägel.

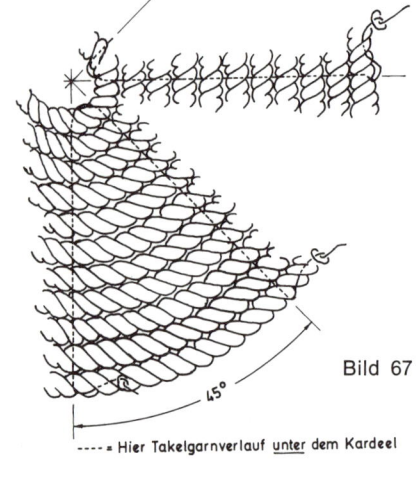

Bild 67

---- = Hier Takelgarnverlauf <u>unter</u> dem Kardeel

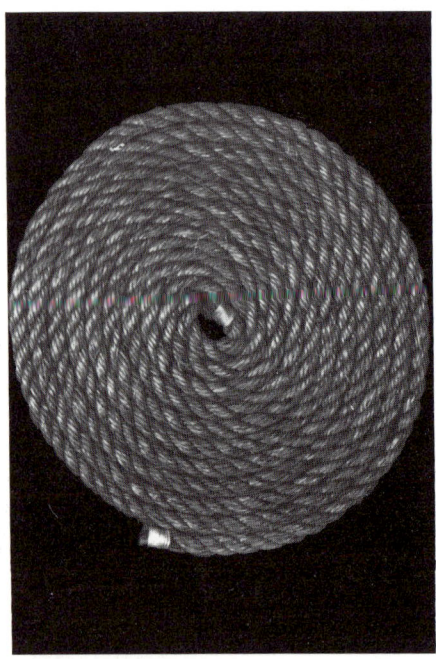

Bild 66

Sichern Sie die Tampen des Endes mit je einem Takling nach Bild 8. Legen Sie dann die ersten 2 ... 3 Windungen der Matte und befestigen Sie das Ganze mit einigen Tapeziernägeln auf der Arbeitsunterlage. Es folgt dann Törn für Törn, wobei darauf zu achten ist, daß die Windungen alle fest aneinanderliegen und keine Kinken entstehen. Jeder Törn wird mit 3 Nägeln gesichert, die über den ganzen Umfang verteilt werden. Fahren Sie so fort, bis das Ende erreicht ist, und legen Sie den äußeren Tampen ebenfalls mit einem Nagel fest.
Bei der original Flämischen Matte wird das Tauwerk auf der Unterseite über die ganze Länge mit einer Bootsmannsnaht vernäht. Das stößt bei dem hartgeschlagenen Manila auf Schwierigkeiten. Deshalb wurden hier die Windungen entsprechend Bild 67 durch einen im Winkel von 45° speichenförmig angelegten Fadenverlauf gesichert, wofür Takelgarn erforderlich ist. Für diese Arbeit wird ein Marlspieker mit Hohlkehle und eine Sacknadel benötigt. Nach dem Entfernen der Nägel ist die Matte gebrauchsfertig (Bild 66).

Vorschlag 27

Schlingenmatte

Diese Matte verwendet als Grundelement Schlingen. Sie ist durch weitere Schlingen in der Größe beliebig zu erweitern. Die Anfertigung ist einfach, wobei, wie bei allen Matten, zu beachten ist, daß ein symmetrisches Aussehen nur durch eine sorgfältige Arbeitsweise erreicht werden kann.

Material für die Schlingenmatte:
1. 11 m Sisal-Kleintauwerk, geschlagen, 4schäftig, 6 mm ⌀, im Handel als Wäscheleine.
2. Arbeitsunterlage, Tapeziernägel, UHU-hart, selbstklebendes Gewebeband, 1 Blatt weißes Papier (DIN A 4).

Bild 68

Zunächst wird die Größe der Matte festgelegt. Im vorliegenden Fall sind die Abmessungen 240 x 200 mm. Nehmen Sie dann das DIN-A-4-Blatt und befestigen Sie es auf der Arbeitsunterlage. Auf das Papier wird nun ein Rechteck mit den angegebenen Maßen gezeichnet.
Das zu verarbeitende Material wird gemittelt, die Bucht bei A befestigt und dann – beginnend mit einem der 5,5-m-Enden – im Verlauf der 1. Part zunächst zwei Schlingen (Augen) gelegt, dem ein Über- und Unterfahren der bereits liegenden Augen entsprechend dem Muster folgt.
Wenn Sie sich genau an die Vorlage in Bild 69 halten, dann kommt der Tampen der Arbeitspart wieder zum Anfang A der Arbeit zurück. Versuchen Sie bereits in dieser Phase das Muster so symmetrisch wie möglich zu legen, und fixieren Sie den Verlauf der ersten Part mit Tapeziernägeln.

Jetzt wird die 2. Part mit dem anderen 5,5-m-Ende gearbeitet und – wie angedeutet – parallel dem Verlauf der bereits liegenden Part gefolgt. Dann kommt wieder ein Umlauf mit dem Rest der ersten Arbeitspart (3. Part) usw. Nachdem Sie drei Parten gelegt haben, können die Nägel bereits entfernt werden. Die Arbeit wird nun

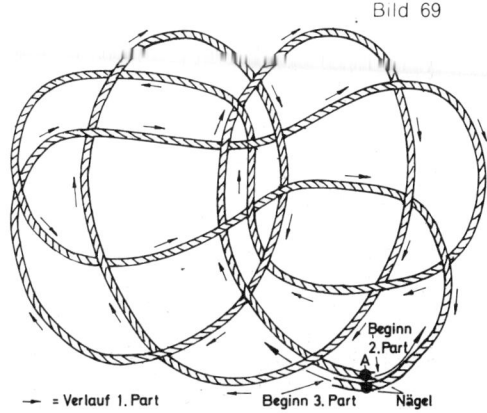

Bild 69

⟶ = Verlauf 1. Part   Beginn 3. Part   Nägel
Beginn 2. Part
A

47

nochmals symmetriert und stetig wechselnd die restlichen Parten gelegt. Die fertige Schlingenmatte hat dann das Aussehen von Bild 68.
Anfangs- und Endtampen werden gekappt, mit Gewebeband gesichert und mit etwas UHU-hart an der Unterseite der Matte mit den längs- und querverlaufenden Parten verleimt (Bild 70).

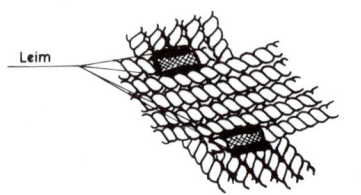

Bild 70

Die Oberseite zeigt dann den gewünschten endlosen Verlauf des Materials.
Anmerkung: Der Punkt A kennzeichnet den Anfang der Matte. Anfangs- und Endtampen brauchen mit diesem Punkt nicht zusammenzutreffen. Wichtig ist nur, daß die Anzahl der auf der Oberseite der Matte sichtbaren parallellaufenden Parten überall gleich ist.

Vorschlag 28

Rechteckige Tischmatte

Die folgenden Beispiele beziehen sich alle auf einpartige Matten, die nach einem Muster gebunden werden. Um reproduzierbare Größenverhältnisse und Symmetrie zu erreichen, wird für das Muster ein Gitterraster benutzt.

Material für die rechteckige Tischmatte:
1. 16 m Sisal-Kleintauwerk, geschlagen, 4schäftig, 6 mm ⌀, im Handel als Wäscheleine.
2. Wie Vorschlag 27, Papier jedoch kariert.

Das Muster für die rechteckige Tischmatte entnehmen Sie bitte Bild 71. Zunächst muß jedoch das der Arbeit zugrunde liegende Raster vergrößert werden. Teilen Sie sich dazu das karierte DIN-A-4-Blatt so ein, daß mit Bleistift und Lineal ein Netz von Rauten entsprechend den in Bild 71a angegebenen Abmessungen entsteht. Nun übertragen Sie mit einem Filzschreiber o. ä. das Muster aus Bild 71

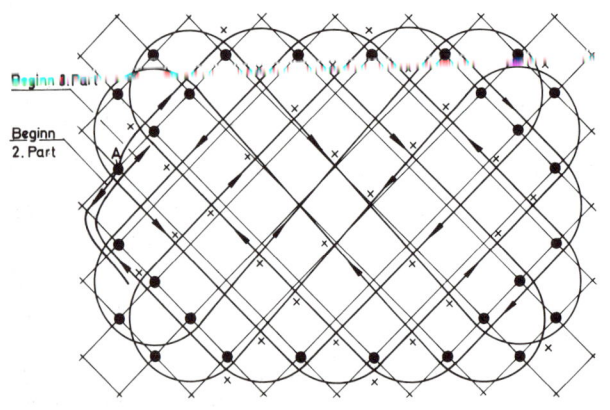

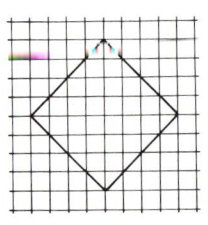

Konstruktion der vergrößerten Rauten auf 5-mm-Raster

● = Nägel

Bild 71

auf die vergrößerten Verhältnisse, womit der Pfad für die erste Part bereits gekennzeichnet ist.
Das DIN-A-4-Blatt wird auf der Arbeitsunterlage befestigt (Reißzwecken, Tesafilm) und in die Bild 71 entsprechenden Positionen Nägel eingeschlagen. Sichern Sie jetzt Anfangs- und Endtampen des 16-m-Endes vorübergehend mit Gewebeband und mitteln Sie das Material. Die 8-m-Stelle (Bucht) wird ebenfalls mit Gewebeband markiert und mit einem Nagel in Punkt A befestigt.
Folgen Sie nun mit der ersten Arbeitspart in Pfeilrichtung der Linie, die dem Muster entspricht. Die Nägel dienen nur als Führung und dürfen nicht zu straff umrundet werden. Kommen Sie an eine mit einem Kreuz (×) bezeichnete Stelle und liegt dort noch kein Tauwerk, dann betrachten Sie diese Markierung als nicht gegeben. Liegt dagegen bereits eine Part über dem Pfad, dann bedeutet das, daß Sie mit der arbeitenden Part **unter** der bereits liegenden hindurchfahren müssen. Sinngemäß bedeutet **kein** Kreuz: Eine eventuell schon liegende Part ist zu **über**fahren. Nach einem Umlauf kommen Sie wieder zum Ausgangspunkt zurück. Jetzt wird in entgegengesetzter Richtung das zweite 8-m-Ende zur zweiten Arbeitspart. Es wird parallel zu der bereits liegenden Part und in Gegenrichtung einmal nachgesteckt. Wieder zu A zurückgekommen, liegen nun bereits zwei Parten. Die Nägel können teilweise entfernt werden, wodurch sich eine Möglichkeit für weitere Symmetriekorrekturen ergibt. Mit dem Rest der ersten Arbeitspart (3. Part) wird noch einmal rechtsherum nachgesteckt und abschließend mit dem Rest der zweiten (4. Part) einmal linksherum. Anfangs- und Endtampen werden dort, wo sie parallellaufend zusammentreffen (nicht Punkt A!) gekappt, mit Gewebeband gesichert und alles (Bild 70) mit Leim fixiert oder vernäht. Die restlichen Nägel werden entfernt. Bild 3 auf Seite 6 zeigt Ihnen die fertige Matte.

Vorschlag 29

Elliptische Tischmatte

Die hier beschriebene Matte hat zur Abwechslung einmal eine symmetrisch elliptische Form (Bild 72).

Material für die elliptische Tischmatte:
1. 13 m Sisal-Keintauwerk, Stärke wie Beispiele 27 und 28.
2. Wie Vorschlag 28.

Grundlage für diese Matte ist das Muster in Bild 73. Die Vorbereitungen und die Anfertigung entsprechen dem Text

Bild 72

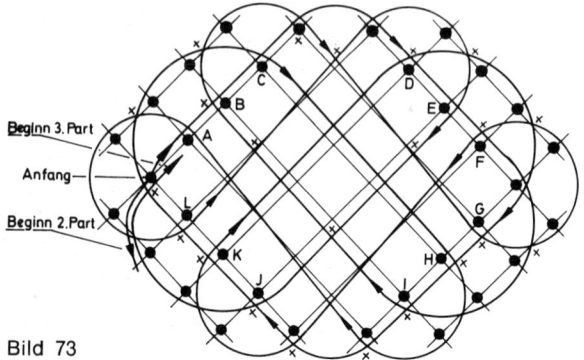

Bild 73

von Vorschlag 28. Das vergrößerte Raster hat ebenfalls die gleichen Abmessungen.
Verarbeiten Sie auch hier die gesamte Materiallänge gemittelt, d. h. in Enden von 6,50 m.
Nachdem zwei Parten über der Mustervorlage gelegt sind, können Sie bereits die Nägel A ... L entfernen. Symmetrieren Sie nun die Arbeit und stekken Sie jede der Arbeitsparten noch einmal nach links und rechts nach.

Vorschlag 30

Fußmatte

Matten dieser Art findet man in letzter Zeit häufig im Angebot von Drogerien, Haushaltswarengeschäften und Kaufhäusern. Angefertigt sind sie meistens aus Kokóstauwerk, das teilweise auch eingefärbt ist.
In diesem Beispiel wird das haltbare Manila-Tauwerk verarbeitet. Wer jedoch sparen will, kann auf das etwas preiswertere Kokos- oder Sisal-Tauwerk ausweichen.

Material für die Fußmatte:
1. 24 m Manila-Tauwerk, geschlagen, 3schäftig, 10 mm ⌀.
2. Arbeitsunterlage, Tapeziernägel, 1 Bogen Packpapier, selbstklebendes Gewebeband, Terylene-Takelgarn, gewachst, 1,5 mm.

Das Muster für die Fußmatte ist in Bild 74 aufgetragen. Das Raster wird vergrößert, indem Sie mit Hilfe von Bleistift, Lineal, Winkelmaß und Zirkel ein Gitternetz mit Rauten von 8 cm Seitenlänge auf das Packpapier übertragen. Anschließend wird das Muster in das vergrößerte Gitternetz eingezeichnet. Das Packpapier wird dann auf einer entsprechend großen Arbeitsunterlage befestigt und die erforderlichen Nägel (Punkte in Bild 74) eingeschlagen.
Mit dem gemittelten Material wird jetzt bei Punkt A die Arbeit begonnen, wobei wie bekannt verfahren wird. Achten Sie bereits beim Entstehen der Matte auf Symmetrie. Das hartgeschlagene Manila-Tauwerk ist nicht sehr lehnig. Deshalb ist das Durchstecken über und unter mehrere Parten zu vermeiden, und dennoch entstehende Kinken sind immer gleich herauszudrehen. Richtig verarbeitet liegt das Gut auch ohne

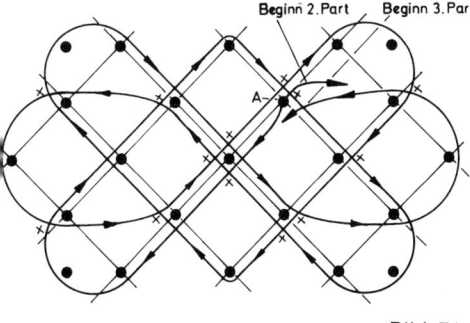

Bild 74

hingezogen und das restliche Material durch wechselweises Nachstecken verarbeitet. Trotz sorgfältiger Arbeit läßt es sich nicht vermeiden, daß die sechs parallellaufenden Parten der Matte nicht aneinander liegen. So ist es erforderlich, die Buchten auf der Unterseite etwas zu stabilisieren. Im Beispiel wurden (Bild 75) V-förmig angelegte Stabilisierungsfäden in alle acht Buchten eingezogen, die die Parten zusammenhalten und der Matte ein stabiles und symmetrisches Äußeres geben (Bild 76).

Anfangs- und Endtampen werden wie üblich gesichert und mit ein paar Stichen mit der jeweils parallelen Nachbarpart vernäht.

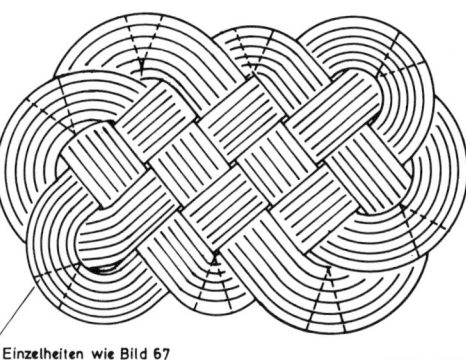

Einzelheiten wie Bild 67

Bild 75

Bild 76

fixierende Nägel plan. Um trotzdem den parallelen Verlauf der Parten zu sichern, sind bei den ersten vier Parten zusätzlich Nägel erforderlich, die das Tauwerk in der Spur halten. Wenn die vierte Part gelegt ist, werden alle Nägel entfernt, das Muster symmetrisch

Netze

Netze und die Fischerei sind untrennbar miteinander verbundene Begriffe, wie auch das Knüpfen von Netzen zu den handwerklichen Fähigkeiten eines jeden Fischers gehört. Die praktische Verwendung von Netzen erstreckt sich dagegen auf viele Bereiche des täglichen Lebens.
Wurden seit Urzeiten die Netze von Hand geknüpft, so ist diese Technik auch heute noch gebräuchlich. Daneben gibt es seit etwa 100 Jahren auch maschinengeknüpfte Netze. Grundmaterial für Netze aller Art ist das Netzgarn in der Verarbeitung als Garn, Zwirn, Flechtleine, Monofolie u. dgl. Als Material werden neben Naturfasern wie Baumwolle, Manila und Sisal in steigendem Maße synthetische Fasern verarbeitet, wie sie eingangs in der „Kleinen Tauwerkskunde" beschrieben worden sind.
Die Festigkeit der Netze ist von vielen Faktoren abhängig, die alle komplex miteinander verbunden sind. So wird allein bei Netzgarnen nach der Aufbereitung (Stapelfaser, Endlosfaser, Folie), der Drehung (lose, eng), der Scheuerfestigkeit, dem Drall (Z- oder S-Schlag) usw. unterschieden.
Die Netzgarnkennzeichnung beruht auf einer Reihe von Angaben, die sich auf metrische oder englische Maßsysteme beziehen und u. a. Aussagen über die Lauflänge, die Anzahl der Einzelgarne bezogen auf eine Gewichtseinheit, den Durchmesser des Netzgarnes sowie Bruchlasten mit und ohne Knoten im Trocken- und Naßzustand geben.
Um ein Netz näher beschreiben zu können, sind auch Angaben über die Maschen erforderlich. Drei Größenangaben kennzeichnen eine Masche, und jede Angabe kann für sich alleine stehen. Nach Bild 77 kann die Größe einer

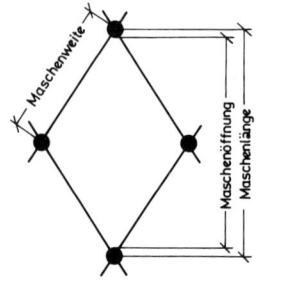

Bild 77

Maschenkennzeichnung

Masche durch die Abmessung der Maschenweite, Maschenlänge oder Maschenöffnung beschrieben werden.
Das Knüpfen oder Stricken von Netzen erfolgt durch das Verbinden von Netzgarnen. Das geschieht entweder knotenlos durch Verschlingen oder Durchstecken bzw. mit Knoten, wobei sich als Standard der Weberknoten (Schotstek) bewährt hat.
Zu den Hilfsgeräten der Netzherstellung gehört die Netznadel aus Holz, Knochen, Metall oder Plastik. Bewährt und überall eingeführt ist die in Bild 78 gezeigte Zungennadel. Wie diese Nadel mit Material „beschickt" wird, erkennen Sie in dem Bild 78. Um in

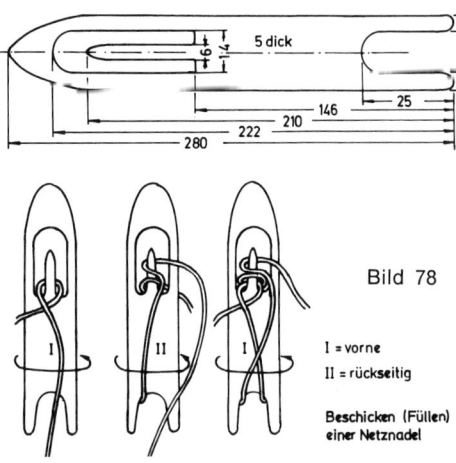

Bild 78

I = vorne
II = rückseitig

Beschicken (Füllen) einer Netznadel

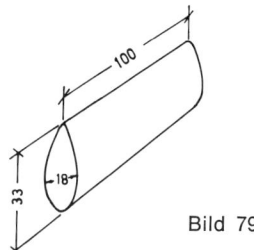

Bild 79

jedem Fall zu Maschen gleicher Abmessungen zu kommen, ist zusätzlich ein Maschenholz aus gleichem Material erforderlich (Bild 79). Netznadeln und Maschenhölzer gibt es in verschiedenen Größen, die Maßangaben beziehen sich auf Modelle, wie sie für die Beispiele benutzt werden können. Ganze Netztuche, die von Hand geknüpft werden, verlangen darüberhinaus eine Vorrichtung, die als Knüpfbalken bezeichnet wird.
Die Hilfsgeräte erleichtern zwar die Arbeit, sie sind aber keine absolute Notwendigkeit. Die Finger leisten mit kleinen Zugeständnissen an die Symmetrie ähnlich gute Dienste, was auch bei der Auswahl der folgenden Beispiele berücksichtigt ist.

Vorschlag 31

Kletternetz

Das hier beschriebene Kletternetz können Sie z. B. an einer Teppichstange knüpfen. Es handelt sich um ein knotenloses Netz, das in der Durchsteck-Technik gearbeitet wird.

Material für das Kletternetz:
1. Manila- oder synthetisches Tauwerk, geschlagen, 3schäftig, 18 mm ϕ, Länge je nach Fläche des Netzes
2. Wie oben, 20 mm ϕ, s. Text.
3. Wie oben, 8 mm ϕ, Marlleine, s. Text.

Bild 80

Das Kletternetz erfordert eine Einfassung aus stärkerem Material. Die Länge dieses „Liektaues" entspricht dem inneren Umfang der Teppichstange, wobei eine Materialzugabe für den Kurzspleiß zu berücksichtigen ist. Nehmen Sie für diesen Zweck das 20-mm-Tauwerk, und verspleißen Sie die Tampen. Der entstehende Tauwerksring wird dann am Rohrgestell der Teppichstange „angeschlagen" (Bild 81), wofür der einfache Marlstek verwendet wird. Es empfiehlt sich, auch das untenliegende Tau vorübergehend zu

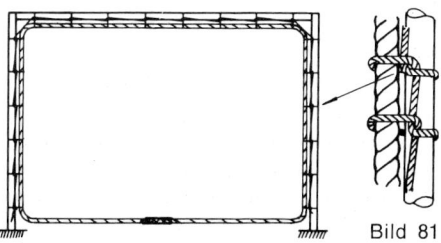

Bild 81

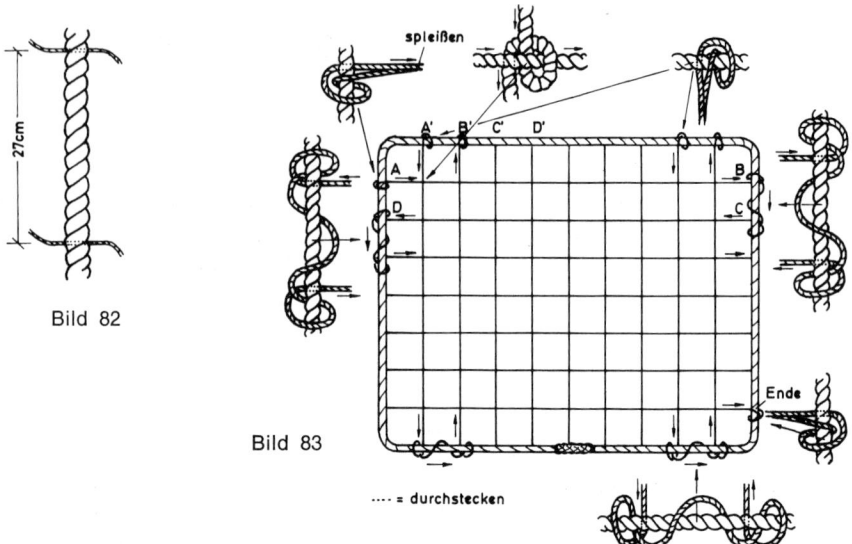

Bild 82

Bild 83

---- = durchstecken

befestigen (Steine o. ä.), um so zu symmetrischen Maschen zu kommen. Für das eigentliche Netz benötigen Sie das 18-mm-Tauwerk. Die Abmessungen der quadratischen Maschen betragen 27 cm. Teilen Sie sich die zur Verfügung stehende senkrechte Länge des geplanten Netzes in entsprechende Abschnitte ein, und markieren Sie die Punkte durch Bändsel, die vorübergehend zwischen die Kardeelen des 20-mm-Tauwerks gesteckt werden (Bild 82). Verfahren Sie dann wie in Bild 83 angegeben. Am Anfangspunkt A wird ein Tampen des 18-mm-Tauwerks „eingehankt". Dazu wird ein Auge gebildet, dessen eine Part durch die Keepe des Einfassungstaues gesteckt wird, während die andere Part mit dem Arbeitstampen verspleißt wird. Das Tauwerk wird bei den waagerecht laufenden Netzleinen in einer Länge verarbeitet. Die Arbeitspart verläuft anfangs horizontal zum gegenüberliegenden Punkt B und wird dort — wie gezeichnet — durchgesteckt, steifgeholt, bekniffen und durch einmaliges Umfahren der Einfassung zum Punkt C geführt, wo sich das Ganze spiegelbildlich wiederholt. Die Arbeitspart läuft dann wieder waagerecht zum Punkt D, wird dort abermals durchgesteckt, steifgeholt usw. Das Ende der Part ist wie der Anfang mit der Einfassung verbunden.
Auf die waagerechten Netzleinen folgen jetzt die senkrechten. Die Leine wird oben „eingehankt" (A') und dann am Kreuzungspunkt mit den horizontalen Netzleinen einmal um diese herumgeführt, von oben durchgesteckt und steifgeholt (Bild 80). Die Befestigung am unteren Einfassungstau entspricht der der waagerechten Netzleinen. Die Skizze deutet es noch einmal an. Nach oben zurückgeführt endet die Arbeitspart im Punkt B'.
Mit C' beginnt eine neue Part, die in gleicher Weise gearbeitet wird, bei D' endet usw. Sollte die Anzahl der senkrechten Netzleinen nicht geradzahlig sein, so wird die verbleibende einzelne senkrechte Part oben und unten eingehankt.

Vorschlag 32

Murmelnetz

Dieses Netz entsteht bereits durch Verknoten der Netzgarne und gehört auf diesem Sektor zu den am einfachsten zu erlernenden Techniken.

Material für das Murmelnetz:
1. Netzgarn
2. Arbeitsunterlage, Tapeziernägel.

Für den Anfang wird ein doppelt genommenes Reihgarn zwischen zwei Nägeln gespannt, die auf der Arbeitsunterlage befestigt sind. Vom Netzgarn werden nun Enden abgeschnitten, die gemittelt verarbeitet werden. Mit einer Zugabe für die Knoten entspricht die Länge der (doppelten) Netzgarne dann der gewünschten Tiefe des fertigen Netzes.
Im Beispiel werden 16 Enden verarbeitet, die mit einem Webleinenstek am Reihgarn befestigt werden (Bild 84). Der nächste Arbeitsgang ist dann das Zusammenknoten der nebeneinanderliegenden Garne mit einem einfachen Überhandknoten (Bild 85a). Schlägt man diesen Knoten um Nägel, die im Abstand einer halben Maschenlänge parallel zum Reihgarn verlaufen, so wird die erste Knotenreihe bereits symmetrisch. Nachdem auf diese Weise alle Garne mit Ausnahme des ersten und letzten miteinander verknotet sind, wird das Reihgarn von den Nägeln genommen. Durch Verknoten der vorerwähnten restlichen Garne wird damit der Anfang des Netzschlauches gebildet. Es beginnt dann eine etwas langwierige Arbeit, die viel Geduld erfordert. Masche für Masche entsteht durch Verknoten der jeweils nebeneinanderliegenden Garne. Die Hauptschwierigkeit liegt darin, benachbarte Knoten symmetrisch zueinander zu knüpfen. Das ist praktisch nur zu erreichen, wenn ein Maschenholz verwendet wird oder die Maschen über einer rautenförmig angeordneten Nagelvorlage geknotet werden (Bild 85b).

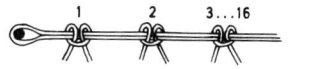

Bild 84

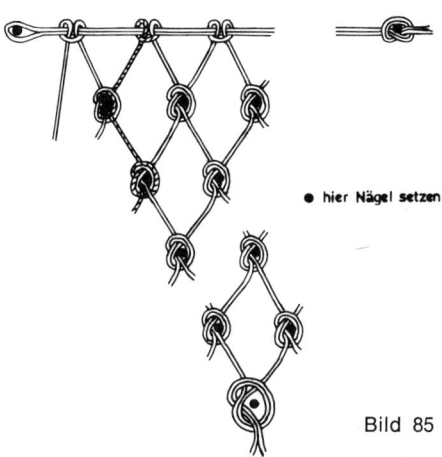

• hier Nägel setzen

Bild 85

Bild 86

Hat der Netzschlauch die gewünschte Tiefe erreicht (im Beispiel 4 ganze Maschen), dann werden die unteren Maschen mit einem weiteren Reihgarn zusammengenommen, so daß ein Netzbeutel entsteht. Mit der Flamme werden die untersten Netzknoten leicht angeschmolzen und dadurch gesichert. Abschließend wird das Netz umgestülpt, wodurch der untere Netzabschluß nach innen zu liegen kommt. Das obere Reihgarn dient nur zum Verschließen des Netzes. Aus der Bucht wird durch einen zusätzlichen Überhandknoten ein Auge, durch das die ebenfalls mit einem Knoten gesicherten Parten des anderen Endes geschert werden. Es entsteht so eine laufende Schlinge.
Praktisch ausgeführt erkennen Sie das Netz im Bild 86.

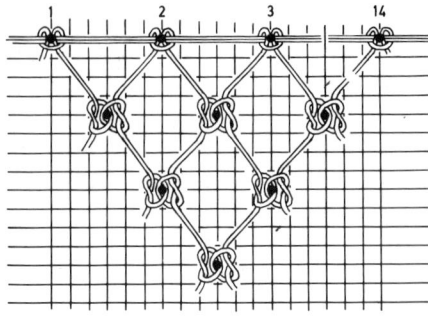

Bild 87

Darauf werden zwischen die parallellaufenden Parten des Reihgarnes im Abstand von 3 cm (6 Kästchen) Tapeziernägel gesetzt. Sie fixieren vorübergehend die Punkte, an denen anschließend die 14 doppelten Netzgarne mit Webleinensteken befestigt werden.
Mittig zu der obersten Nagelreihe und im Abstand von 2 cm folgt nun die zweite Reihe von Tapeziernägeln, der die dritte in der Senkrechten der ersten Nagelreihe und weitere folgen.
Die benachbarten Netzgarne werden jetzt mit je einem Überhandknoten verbunden. Durch das Umschlingen der Nägel wird die Symmetrie gewahrt. Wenn Sie konsequent Masche für Masche arbeiten, entsteht ein V-förmiges Netzstück. Bild 87 zeigt Ihnen dazu die Einzelheiten. Da aber im Endeffekt ein Netzschlauch benötigt wird, muß das Netz um einen Gegenstand herumgearbeitet, also rundgestrickt werden.

Vorschlag 33

Zwiebelnetz

Die Technik dieses Netzes ist eine Abwandlung des vorherigen Beispiels, wobei der **einfache** Überhandknoten zur Verbindung der Netzgarne verwendet wird. Es ergibt sich dabei eine besonders ansprechende Art der Verarbeitung.

Material für das Zwiebelnetz:
1. Ca. 24 m Baumwoll-Flechtleine, 3 mm, rohweiß.
2. Arbeitsunterlage, Tapeziernägel, kariertes Papier.

Befestigen Sie zunächst das karierte Papier auf der Arbeitsunterlage und spannen Sie dann ein doppelt genommenes Reihgarn in der bekannten Weise zwischen zwei Tapeziernägeln.

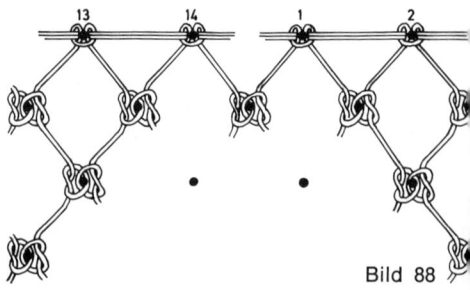

Bild 88

überstehenden Tampen des Netzgarnes werden im Abstand von ca. 5 cm von der untersten Knotenreihe gekappt und mit je einem Überhandknoten abgeschlossen. Zum Verschließen des Netzes wird wie im vorigen Beispiel das Reihgarn in der Form der laufenden Schlinge verwendet, wobei der Knoten hinter der Bucht entfällt. Bild 89 zeigt Ihnen das ausgeführte Beispiel.

Vorschlag 34

Fischerkugel

Fischerkugeln sind derzeit „in". Sie werden in den Ferienorten an der See angeboten und sind neuerdings auch Bestandteil von Party-Sets für einschlägige Feten. Hier nun das Rezept für die Selbstanfertigung der Netze für diese Kugeln:

Bild 89

Dazu wird auf einem (im Beispiel 14 cm breiten) Brett wieder kariertes Papier befestigt, die entsprechenden Punkte durch Nägel gekennzeichnet und das Netz kopfstehend „V" von oben nach unten zugeknüpft. Ein seitliches Verschieben des Netzes zum Arbeiten der einzelnen Partien läßt sich dabei nicht vermeiden, weil das „V" nach unten breiter wird und die Abmessungen des Brettes durch den entstehenden Netzschlauch begrenzt sind (Bild 88). Das fertige Netz ist 14 Maschen breit und 5 Maschen tief. Der unten noch offene Netzschlauch wird mit einem einfachen Garn des gleichen Materials, das alle unteren Maschen erfaßt, zu einem Netzbeutel zusammengezogen. Die

Material für die Fischerkugel:
1. 1 Fischerkugel (Glas), Gr. 3, 2-l-Kugel, $\varnothing$ 140 mm, evtl. auch Flasche.
2. 20 m Sisalkordel, ersatzweise (leichter zu verarbeiten) auch PP-Bindfaden (s. Vorschlag 21), doppelt verarbeitet.
3. Sisal- oder Manila-Tauwerk, geschlagen, 3schäftig, 8 oder 10 mm $\varnothing$.
4. Arbeitsunterlage, Netznadel (Gr. 10).

In diesem und dem folgenden Beispiel lernen Sie ein richtiges Fischernetz zu stricken. Nicht unbedingt erforderlich aber sehr zu empfehlen ist dazu eine Netznadel, die Sie sich nach den Angaben in Bild 78 aus 5-mm-Sperrholz selbst anfertigen oder kaufen können. Das Maschenholz ist nicht nötig und wird hier durch den Zeige- und Mittelfinger ersetzt.

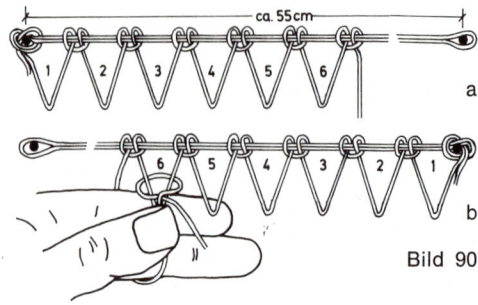

Bild 90

Zunächst muß die Netznadel mit dem doppelt genommenen, also 10-m-Ende des Materials „beschickt" werden. Die Bucht der zweifach laufenden Netzgarne bildet dabei das Ende des Materials auf der vollen Netznadel. Im Abstand von ca. 55 cm von der Bucht bilden Sie nun einen Überhandknoten und spannen das Reihgarn zwischen Knoten und Bucht über zwei Tapeziernägeln, die auf der Arbeitsunterlage befestigt sind. Jetzt wird die erste Maschenreihe mit sog. „halben Maschen" aufgelegt. Die halbe Maschenöffnung beträgt zwei Fingerbreiten. Zur Befestigung am Aufmaschgarn dient der in Bild 90 a gezeichnete Knoten. Nachdem auf diese Weise 6 halbe Maschen aufgebracht sind, wird die Arbeit von den Nägeln genommen und — um 180° gedreht — wieder eingehängt. Grundsätzlich wird nämlich jede neue Maschentour von links nach rechts gearbeitet, von Ausnahmen abgesehen.
Entsprechend Bild 90 b beginnt die zweite Tour mit einer ganzen Masche, die mit der unteren Spitze der 6. Halbmasche verknotet wird. Der dazu verwendete Knoten wird als Weberknoten oder Schotstek bezeichnet. Die einzelnen Phasen bei der Herstellung dieses Knotens nach der „Zweistichmethode" entnehmen Sie bitte den Bildern 91 a bis 91 c.
Nach Bild 91 a führen Sie das von oben kommende Netzgarn (hier nur einfach gezeichnet) um den Zeige- und Mittelfinger herum und dann von unten kommend durch die Spitze der 6. Halbmasche nach oben (1. Stich). Zwischen Daumen und Zeigefinger wird dann das Netzgarn bekniffen, nachdem die Masche vorher dem Fingermaß angepaßt worden ist. Der nächste Schritt (2. Stich) ist dann ein „halber Schlag". Die Netznadel wird in einer Bucht rückseitig um die Masche herumgeführt und durch die Bucht wieder hindurchgesteckt (Bild 91 b). Anschließend wird der so gebildete Netzknoten zusammengezogen. Ein Tip in diesem Zusammenhang: Lassen Sie den Daumen leicht auf dem Netzgarn und der Maschenspitze liegen, während Sie das Material steifholen. Das Garn muß mit der Spitze der Masche zu gleichen Teilen an der Knotenbildung beteiligt sein, andernfalls rutscht der Knoten! Bild 91 c zeigt das Knüpfen der nächsten Masche, die folgenden sind eine Wiederholung des Gelernten. Nachdem Sie wieder bei der 1. Halbmasche angekommen sind, wird die Arbeit abermals gedreht, die dritte Maschentour begonnen usw. Das fertige Netz hat die in Bild 92 gezeigte Struktur. Es ist 6 Maschen breit und 3 Maschen tief. Dieses Netz muß jetzt noch rundgeknüpft werden. Dazu wird das Auge des Aufmaschgarnes (Bild 93) durch den Überhandknoten im Reihgarn geführt, die sich bildende laufende Schlinge zugezogen und mit einem

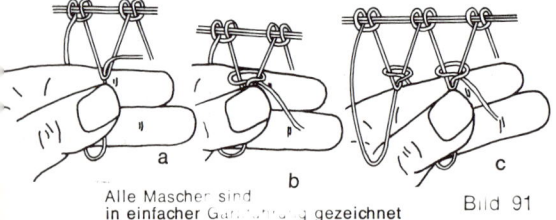

Alle Maschen sind in einfacher Garnführung gezeichnet

Bild 91

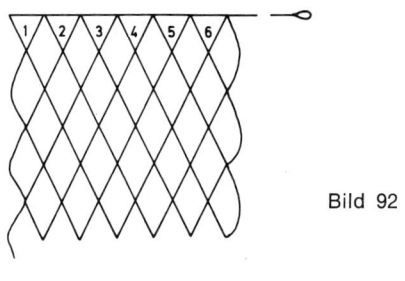

Bild 92

Vorschlag 35

Bade-Schulternetz

Abschließend zum Thema „Netze" folgt hier noch ein Schulternetz, das für den Strand und speziell für die Aufnahme der Badeutensilien gedacht ist. Gleichgut ist es sicher auch als Ballnetz, Spielzeugnetz o. ä. Verwendungen zu gebrauchen.

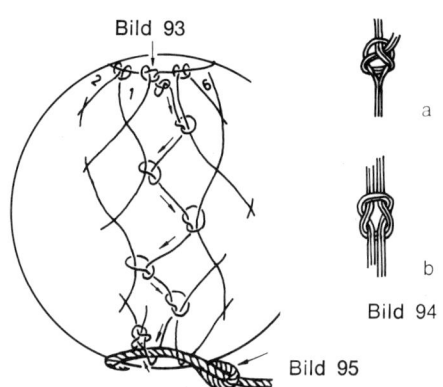

Bild 93

Bild 94

Bild 95

Material für das Schulternetz:
1. Netzgarn
2. Baumwoll- oder Hanf-Flechtleine, 3 mm ⌀.
3. 2 Schlüsselringe, vernickelt, innen 30 mm ⌀.
4. 2 Karabinerhaken, vernickelt, 40 mm.
5. Terylene-Takelgarn, gewachst, 1,5 mm, Netznadel, Knüpfstange (Text).

Zu Beginn wird die Netznadel **einfach** mit Netzgarn beschickt. Dann wird eine Knüpfstange, ersatzweise auch eine Gardinenstange waagerecht zwischen zwei Schraubstöcken, Haken o. dgl. befestigt. Der nächste Schritt ist dann das Aufnehmen der Halbmaschen für die erste Maschenreihe. Lassen Sie dazu am Anfang A ca. 50 cm Garn frei hängen und befestigen Sie die 24 Halbmaschen der ersten Reihe mit Webleinensteken an der Knüpfstange (Bild 96). Auch hier gilt für die Maschen das 2-Finger-Maß. Die Stange wird danach um 180° gedreht und die nächste Tour

vorgelegten weiteren Überhandknoten gesichert. Die Netzkugel wird jetzt durch „Zusammennehmen" der Maschen zickzackförmig mit weiteren Überhandknoten in das Netz eingebunden. Diese Knoten werden in der Höhe der jeweils zugehörigen Netzknoten angelegt. Sie sind zwar nicht rutschfest, erfüllen aber ihren Zweck. Anfang und Ende des Netzgarnes treffen schließlich an einer Stelle zusammen und werden mit einem der Knoten in Bild 94 a oder b verbunden. Zur Befestigung der Fischerkugel (Aufhängung) wird ein 60-cm-Ende Sisal- oder Manilatauwerk mit zwei Augspleißen versehen. Das Tauende wird durch die oberen 6 Maschen genommen und diese mit einer laufenden Schlinge zusammengefaßt (Bild 95). Die fertige Fischerkugel zeigt Ihnen Bild 1.

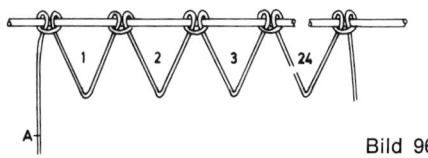

Bild 96

— beginnend mit einer ganzen Masche — geknüpft. Nach diesem Prinzip entsteht schnell ein Netztuch, das 24 Maschen breit und 10 Maschen tief ist. Das fertige Netz wird von der Knüpfstange genommen. Die Webleinensteke der Halbmaschen lösen sich dabei, und es verbleiben nur ganze Maschen. Masche für Masche der ersten Reihe wird nun durch den Schlüsselring gezogen und auch das Anfangsgarn noch einmal durchgesteckt (Bild 97). Darauf werden die Maschen mit einem Takling zusammengenommen. Das gleiche wiederholt sich auf der Gegenseite. Abschließend werden die Längsseiten des Netzes „zusammengelascht", so daß ein Netzbeutel entsteht. Die Technik ist ähnlich wie bei der Fischerkugel, nur, daß hier mehrere Garne zusammengefaßt werden und „gemarlt" wird. Zum Zusammenlaschen wird das überstehende restliche Netzgarn genommen, wobei im einzelnen nach Bild 99 verfahren wird. Der erforderliche Knoten ist der Ihnen schon bekannte Marlstek. Das Ende wird mit halben Schlägen festgelegt und fixiert.

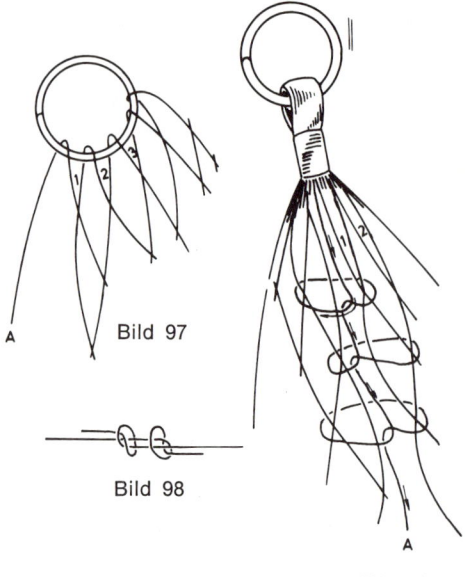

Bild 97

Bild 98

Bild 99

Bild 100

$3/4$ des Netzbeutels werden auf diese Weise zusammengefügt, desgleichen die erste obere Masche auf der Gegenseite. Bei dieser Netzkonstruktion bleibt auf der oberen Seite ein Schlitz offen, durch den das Netz gefüllt werden kann.
Sollte während des Knüpfens das Material einmal ausgehen, dann stecken Sie mit dem Knoten nach Bild 98 neues Netzgarn an.
Der Schultergurt für das Badenetz wird aus drei Flechtleinen geflochten und am Anfang und Ende je ein Karabinerhaken mit Hilfe eines Taklings (Bild 8) befestigt.
Das fertige Bade-Schulternetz mit Gurt zeigt Ihnen Bild 100.

Kleines Fachwort-ABC

abslippen	abstreifen, rutschen
anschlagen	befestigen von Gegenständen
ansetzen	verlängern
anstecken	befestigen an Tauwerk (z. B. Wurfleine an Trosse), auch Verlängern von Material (Netzgarn o. ä.)
Arbeitspart	die arbeitende Part (Gegenteil ist die stehende oder feste)
aufbrechen	von Knoten, öffnen
aufbringen	anbringen
aufdrehen	(wörtlich) von Tauwerk
aufentern	hinaufklettern
Aufmaschgarn	zur Aufnahme der ersten Maschentour beim Netzstricken
aufpicken	aufnehmen
aufschießen	Zusammenlegen von Tauwerk in Ring- oder Achtform
aufsetzen	anbringen
Auge	sich kreuzende Parten einer Bucht
ausscheren	hinausgleiten
bekneifen	festklemmen
belegen	festmachen
beschicken	füllen
Block	Bestandteil eines Flaschenzuges, Holz- oder Stahlgehäuse mit Rolle(n)
Bruchlast	hier zerreißt das Tauwerk, Nutzlast geringer!
Bucht	in Haarnadelform gelegtes Ende
Bunsch	zu einem Ring geordnetes Tauwerk
durchholen	durchziehen
durchstecken	wörtlich zu nehmen
Durchstecktechnik	knotenloses Verbinden von Tauwerk
einbinden	allseitiges Umkleiden eines Gegenstandes
einbringen	einen Gegenstand in ein Netz o. ä. einarbeiten
einhanken	Anbringen von Leinen an eine Trosse
Ende	ein Stück Tauwerk
fahren	der Verlauf einer Part
festlegen	sichern
fieren	nachgeben, senken
freilegen	Aufdrehen der Kardeelen von Tauwerk bis die Kabelgarne frei liegen
geknotete Netze	Verbindung der Netzgarne durch Netzknoten
hieven	heben, hochziehen
kappen	abschneiden
Keepe	Raum zwischen den Kardeelen
Kinken	Auge, das durch Spannung im Tauwerk entsteht
Knoten	schwer lösbare Tauwerksverbindung, die Tampen bekneifen sich selbst
knotenlose Netze	Verbinden der Netzgarne ohne Knoten
knüpfen	nicht korrekt aber gebräuchlich für das Knoten von Netzen

Knüpfbalken	Vorrichtung für die Anfertigung von Netzen
Länge	andere Bezeichnung für Ende
Langhanf	beste Hanfqualität
Langspleiß	dauerhafte Tauwerksverbindung, trägt nicht auf
laufende Schlinge	Augspleiß mit durchgestecktem Tampen
Lauflänge	Angabe zur Klassifizierung von Netzgarnen
lehnig	weich, schmiegsam
Liektau	Ende zum Einfassen der Segelkante, Tauwerk mit langem Schlag
Lose	Durchhang
Marlschlag	selbst bekneifender Stek zum Befestigen von Segeln am Mast und zum Verlaschen
mindern	Reduzierung der Maschenzahl bei Netztuchen
mitteln	Teilen von Tauwerk in gleiche (auch ungleiche) Längen ohne es zu zerschneiden
nachstecken	Material zugeben
Nutzlast	nach GL-Vorschrift 1/6,5 der Bruchlast, auch Gebrauchsfestigkeit
Part	bei Richtungsänderung eines Endes entstehende Teillängen des Tauwerks
Reihgarn	ähnlich Aufmaschgarn, Anfang von Katningarbeiten
Rundtörn	ein- oder mehrmaliges Umschlingen von Gegenständen
Schäkel	universelles Verbindungselement, Metallbügel mit Schraubbolzen
schamfilen	scheuern
slippen	gleiten
Stapelfaser	kurze, synthetische Faser, ergibt lehniges Kunstfaser-Tauwerk
steifholen	festziehen
Stek	leicht lösbare Verbindung, die sich nicht zu einem Knoten zusammenzieht
Stropp	Ring aus Faser- oder Drahttauwerk zum Anstecken von Lasten
Talje	Flaschenzug, einfachste Vorrichtung zur Kraftersparnis
Tampen	kurzes Stück starkes Tauwerk, auch Bezeichnung für die „Enden" von Tauwerk
Tauwerk	Sammelbegriff für Faser- und Drahttauwerk aller Art
Tiefe	Länge eines Netztuches, Gegenteil: Breite
Törn	hier für drehen, Umdrehung
Tressen	Zierelement für Zivil- und Militärbekleidung
überfahren	hinüberführen, darüber hinwegführen
unklar	nicht gebrauchsfähig
unterfahren	unten hindurchführen
verstecken	unsichtbar einklemmen oder einarbeiten
Zerreißfestigkeit	siehe Bruchlast
Zierknoten	überwiegend zur Zierde, Gegenteil: Gebrauchsknoten
Zusammenlaschen	Verbinden von Netztuchen, Zusammennehmen von Segeln

Literaturangaben

A SEAMEN'S POCKET-BOOK, HIS MAJESTY'S STATIONERY OFFICE, LONDON, 1943, (Reprinted 1945).

Ashley, Clifford W.   THE ASHLEY BOOK OF KNOTS, Faber and Faber Limited, 3 Queen Square, London, 1972.

von Brandt, A., und Kaulin, M.   NETZE knüpfen und NETZE schneiden, Institut für Fangtechnik der Bundesforschungsanstalt für Fischerei Hamburg, H. Heenemann GmbH, Berlin, 1971.

Day, Cyrus   KNOTS & SPLICES, SEVENTH IMPRESSION, ADLARD COLES LTD, London, 1970.

Eggstein, Otto   DIE SEILKNOTEN, 5. erw. Aufl., RÄBER-VERLAG, LUZERN, 1960.

Fenne, Hans   SEEMÄNNISCHE HANDARBEITEN, 20. neubearbeitete Auflage, Eckardt & Messtorff Verlag, Hamburg, 1960.

Lund, Kaj   TOVVAERKSKUNST, BORGEN, Gullanders Bogtrykkeri, Skjern, 1969.

Pump, Theodor   DAS KLEINE ABC DER SCHIFFAHRT, 161. bis 170 000, Colmorgen & Co., Buchdruckerei und Verlag, Kiel.

Sondheim, Erich   KNOTEN — SPLEISSEN — TAKELN, 7. Auflage, Verlag Klasing & Co. GmbH, Bielefeld und Berlin, 1971.

o. Verf.   FRÅN FIBER TILL TÅGVIRKE, En varuhandbok från Wahlbecks, AB WAHLBECKS FABRIKER, Ivar Haeggströms Boktryckeri A. B., Stockholm, 1949.

34.	Verschlingen	Technik zur Herstellung knotenloser Netze, Maschen schieben sich zusammen, Spannen erforderlich.
35.	Durchstecken	für großmaschige knotenlose (Transport)netze
36.	Zunehmen	stetiges Verbreitern eines Netztuches durch zusätzliche Maschen
37.	Mindern	Technik zur stetigen Verschmälerung eines Netztuches durch Zusammennehmen von Maschen
38.	Anschlagen von Netztuchen	Befestigung von Netzen an Tauwerk, Reusenringen u. dgl.
39.	Verbinden von Netztuchen	durch Zusammenlaschen
40.	Alpinisten-Seilknoten	Anseilknoten für Bergsteiger
41.	Sackknoten	idealer Verschluß für Säcke
42.	Angelhakenbefestigung	für Angelhaken mit Öse und Schnüre aller Art
43.	Angelhakenbefestigung	für Angelhaken ohne Öse und Schnüre aller Art
44.	Lassoschlinge	das klassische Lasso der Cowboys
45.	Kreuzbund für Drachen	zum Verbinden der gekreuzten Drachenstäbe
46.	Bootsmannsnaht	die Handnaht zum Ausbessern von Segeln, Planen u. a.
47.	Aufschießen von losen Enden	fachgerechtes Zusammenlegen von Tauwerk mit Abbund
47a.	Aufschießen von losen Enden	fachgerechtes Zusammenlegen von Tauwerk zu Ringen
48.	Aufschießen von Tampen	wenn das Ende auf einer Seite festgelegt ist
49.	Bootsmannsstuhl	zum Aufentern am Mast
50.	Klappläufer (Talje)	einfachste Vorrichtung zur Kraftersparnis, Kraft = $1/2$ der Last.